高职院校航空服务类专业规划教材

# 民航服务心理学

主编◎刘存绪　唐健禾　辜英智
编著◎王俊雷　刘　婷　林　文
　　　文凯娟

四川大学出版社

项目策划：袁　捷
责任编辑：袁　捷
责任校对：张　露　刘一畅
封面设计：墨创文化
责任印制：王　炜

### 图书在版编目（CIP）数据

民航服务心理学 / 王俊雷等编著. — 成都：四川大学出版社，2020.8（2022.9重印）
高职院校航空服务类专业规划教材 / 刘存绪，唐健禾，辜英智主编
ISBN 978-7-5690-3395-3

Ⅰ．①民… Ⅱ．①王… Ⅲ．①民用航空－旅客运输－商业心理学－高等职业教育－教材 Ⅳ．① F560.9

中国版本图书馆CIP数据核字（2020）第167658号

| | |
|---|---|
| 书　名 | 民航服务心理学 |
| 主　编 | 刘存绪　唐健禾　辜英智 |
| 编　著 | 王俊雷　刘　婷　林　文　文凯娟 |
| 出　版 | 四川大学出版社 |
| 地　址 | 成都市一环路南一段24号（610065） |
| 发　行 | 四川大学出版社 |
| 书　号 | ISBN 978-7-5690-3395-3 |
| 印前制作 | 四川胜翔数码印务设计有限公司 |
| 印　刷 | 成都金阳印务有限责任公司 |
| 成品尺寸 | 185mm×260mm |
| 印　张 | 13 |
| 字　数 | 212千字 |
| 版　次 | 2020年9月第1版 |
| 印　次 | 2022年9月第3次印刷 |
| 定　价 | 60.00元 |

**版权所有　◆　侵权必究**

◆ 读者邮购本书，请与本社发行科联系。
　电话：(028)85408408/(028)85401670/
　(028)86408023　邮政编码：610065
◆ 本社图书如有印装质量问题，请寄回出版社调换。
◆ 网址：http://press.scu.edu.cn

四川大学出版社
微信公众号

# "高职院校航空服务类专业规划教材"编委会

主　编：刘存绪　唐健禾　辜英智

编　委（以姓氏汉语拼音音序排列）：

陈　刚　陈蕾吉　陈璇竹　辜英智　顾建庄
黄冬英　黄怡川　李桂萍　李雯婧　刘存绪
刘　华　刘媛媛　卢　坤　全　瑜　唐健禾
王　刚　王俊雷　王志鸿　王楂兰　魏　庆
吴　易

# 前 言

为落实《国家中长期教育改革和发展规划纲要（2010—2020年）》《国家职业教育改革实施方案》确定的"立德树人"的根本任务，遵循《中国教育现代化2035》提出的"以德为先""全面发展""面向人人""终身学习""因材施教""知行合一""融合发展""共享共建"的理念，依据教育部《高等职业学校专业教学标准》及相关行业标准，培养具有较高的专业应用水平和良好的综合素质，熟练掌握民航服务基本技能，适应民航业发展需要的复合型、技能型、应用型高级航空服务专业人才，天府新区航空旅游职业学院组织专家、学者编写了这套适应"十四五"期间教学需求的高职院校航空服务专业规划教材。

四川东星航空教育集团自2006年创建以来，始终致力于为中国民航培养高素质的航空服务类专门人才。集团旗下的天府新区航空旅游职业学院汇集了一大批热爱民航教育事业的专、兼职教师，聘请了一大批行业专家担任顾问，指导办学。2017年学院组织编写的"十三五"规划民航特色专业统编教材（共16种）由四川大学出版社出版发行后，受到广大师生和同类院校、行业专家的一致好评。

新时期我国民航业的飞速发展，必然会对从业人员提出新的要求。作为培养航空服务专业人才的高等职业院校，我们充分认识到原有的教材体系和内容已经不能满足现实发展的需要。2019年，天府新区航空旅游职业学院成立了"高职院校航空服务类专业规划教材"编委会，启动了对"十三五"规划民航特色专业统编教材的全面修订工作。经过一年多的努力，这套面向"十四五"的高职院校航空服务类专业规划教材即将付梓。本系列教材包括《民航概论》《民用航空法律法规基础》《民航服务心理

学》《民航安全检查》《客舱服务英语》等15种。参与编撰的人员有陈刚、陈蕾吉、陈璇竹、辜英智、顾建庄、黄冬英、黄怡川、李桂萍、李雯婧、刘存绪、刘华、刘媛媛、卢坤、全瑜、唐健禾、王刚、王俊雷、王志鸿、王樱兰、魏庆、吴易等。辜英智、刘存绪、唐健禾对全套书进行了审读、统稿并定稿。

在本系列教材的编写过程中，四川大学出版社的编辑提出了许多宝贵的修改意见，民航业界的学者与专家做了权威的指导，相关学者的文章和专著提供了有价值的参考资料和信息，在此一并致以诚挚的谢意。相对于我国高速发展的民航服务业，本系列教材还难以概其全貌，加之编者水平有限，疏漏之处在所难免，恳请读者批评指正。

"高职院校航空服务类专业规划教材"编委会<br>
2020年9月

# 目 录

**模块一 认知篇：走进心理世界** …………………………………………（1）
  项目一 认识心理 ……………………………………………………（1）
    任务一 认识心理现象 ……………………………………………（2）
    任务二 认识心理学 ………………………………………………（8）
  项目二 认识服务、民航服务与心理学 ……………………………（13）
    任务一 服务与民航服务 …………………………………………（13）
    任务二 民航服务心理学 …………………………………………（23）

**模块二 服务篇：服务从心开始** …………………………………………（27）
  项目一 民航服务与知觉 ……………………………………………（27）
    任务一 民航旅客的知觉 …………………………………………（27）
    任务二 知觉在民航服务中的应用 ………………………………（31）
  项目二 民航人员管理民航服务与需要 ……………………………（49）
    任务一 需要层次理论 ……………………………………………（49）
    任务二 需要与民航服务 …………………………………………（53）
  项目三 民航服务与个性心理 ………………………………………（72）
    任务一 民航旅客的个性差异 ……………………………………（72）
    任务二 个性差异在民航服务中的应用 …………………………（80）
  项目四 民航服务与情绪 ……………………………………………（86）
    任务一 民航旅客的情绪变化 ……………………………………（87）
    任务二 情绪管理在民航服务中的应用 …………………………（91）
  项目五 民航服务与态度 ……………………………………………（100）

任务一　民航旅客的态度与行为……………………………………（101）
　　任务二　态度在民航服务中的应用…………………………………（111）
　项目六　民航服务与人际关系……………………………………………（122）
　　任务一　民航旅客的沟通……………………………………………（122）
　　任务二　沟通在民航服务中的应用…………………………………（135）

**模块三　素质篇：优秀的民航服务人员**……………………………（153）
　项目一　民航群体心理与团体建设………………………………………（153）
　项目二　民航服务人员的心理健康管理…………………………………（184）

# 模块一　认知篇：走进心理世界

## 项目一　认识心理

**项目导读：**

当今世界，随着民航业的竞争越来越激烈，各大航空公司为了谋求生存和寻找更大的发展空间，除了在不断更新现有客机数量、引入先进客机型号、提高飞行舒适度等硬件设施上下功夫之外，追求卓越的服务质量、建立完善的服务体系等软件功能也成为各大航空公司竞争的焦点。搞好民航服务工作，就需要民航服务人员充分了解自身的心理和行为的发展变化，培养良好的心理素质，更好地把握旅客的各种心理特性，了解不同国家和地区、不同民族民俗文化的差异。民航服务心理学是针对民航服务行业的特点及规律，有机地将民航服务与心理学结合起来所形成的一门学科。

**学习目标：**

1. 了解心理现象的基本概念。
2. 了解心理健康的标准。
3. 掌握日常生活中出现的心理现象。
4. 掌握科学心理学的深刻内涵。

# 任务一　认识心理现象

## 一、心理现象的概念与内容

对民航服务心理学进行研究，首先要了解心理现象指的是什么，具体内容是什么。

### （一）心理现象的概念

心理现象（Mental Phenomeno）是心理活动的表现形式。分为心理过程、心理状态和心理特征三类。心理过程是心理现象的动态表现形式，包括知、情、意三个方面，具体指人的感觉、知觉、记忆、思维、想象、言语等认知活动以及情绪活动与意志活动。心理状态是指在一段时间内相对稳定的心理活动，如认知过程的聚精会神和注意力涣散状态，情绪过程的心境状态和激情状态，意志过程的信心状态和犹豫状态等。心理特征是指心理活动进行时经常表现出来的稳定特点。如有的人观察敏锐、精确，有的人观察粗枝大叶；有的人思维灵活，有的人思考问题深入；有的人情绪稳定、内向，有的人情绪易波动、外向；有的人办事果断，有的人优柔寡断，等等。这些差异体现为能力、气质和性格的不同。在人的心理活动中，心理过程、心理状态和心理特征三者紧密联系。

### （二）心理过程

心理过程是心理现象的动态表现形式，包括知、情、意三个方面。

1. 认知现象

这是人们获得知识或者运用知识的过程，或信息加工的过程。这是人基本的心理现象，包括感觉、知觉、记忆、思维、想象等；注意则是伴随心理过程的一种心理特征。

2. 情绪和情感

其过程是一个人在对客观事物的认识过程中表现出来的态度体验。例如，满意、愉快、气愤、悲伤等，它总是和一定的行为表现联系着。人在认识客观事物时，不仅仅是认识它、感受它，同时还要改造它，这是人与动物的本质区别。

3. 意志

为了改造客观事物，一个人有意识地提出目标、制订计划、选择方式方法、克服困难，以达到预期目的的内在心理活动过程即为意志过程。

（三）心理特征

心理特征是指一个人心理过程进行时经常表现出来的稳定特点。包括人性、人格特质和性格素养（人格特质和性格素养属于个性心理）三个方面。人性是指人普遍具有的心理属性，包括人类先天的学习本能、心理成长与演变本能、趋利避害的本能等；人格特质是指经遗传或身体生理变化而使个体或相应群体特有的心理特征，包括个体先天特有的气质、智力、体能等。人性和人格特质都是先天具有的或经后天成长发育自然生成的，而性格素养则是指后天经人为及其相关的外界环境影响才会具有的心理特征，包括那些经过后天的经历、训练、学习、培养才具有的能力、知识、经验、性格、习惯、品行等。人格特质可基于人性而存在，人格特质也可与人性平行存在，而性格素养则是在人性与人格特质的基础上发展演化而来的。

（四）心理状态

苏联心理学家尼·德·列维托夫认为人的心理活动可以分为心理过程、心理状态与个性心理特征三种形态。心理过程是不断变化着的、暂时性的，个性心理特征是稳固的，而心理状态则介于二者之间，既有暂时性，又有稳固性，是心理过程与个性心理特征统一的表现。心理过程都是在一定心理状态下进行的，都表现为某种心理状态，如注意的分心与集中，思维的明确性、迅速性和"灵感"状态，情绪的激动与沉着，意志方面的果断与犹豫等。心理状态是个别心理过程的结合、统一，是某种综合的心理现象，所以它往往又成为某种个性特征的表现，反映出一个人的个性面貌，因而心理状态的特征又往往成为一个人的个性心理特征的表现。因此，一个人在特定时刻的心理状态，是当前事物引起的心理过程、过去形成的个性特征和以前的心理状态相结合的产物。

心理状态是心理过程与心理特征相结合的产物，心理过程与心理特征必须是通过心理状态才能表现出来。根据心理状态中心理过程和心理特征的关系，可对心理状态进行如下分类。

一是在心理过程和心理特征相结合产生心理状态的过程中,以心理过程为主角度的表现。以心理过程为主角度的表现为标准,可将心理状态划分为认识的心理状态、感情的心理状态和意识的心理状态。其中认知的心理状态还包括感知的心理状态、记忆的心理状态、思维的心理状态、想象的心理状态等;感情的心理状态还包括情感的心理状态、情绪的心理状态等;意识的心理状态还包括注意的心理状态、忽视的心理状态、欲望的心理状态、满意或不满意的心理状态等。

二是在心理过程和心理特征相结合产生心理状态的过程中,以心理特征为主角度的表现。以心理特征为主角度的表现为标准,可将心理状态划分为动物共有的心理状态、人类共有的心理状态、民族的心理状态、团队群体的心理状态和个体个性的心理状态等。

三是心理状态在不同的心理活动阶段和活动领域都有不同的表现形式,亦可根据不同领域、因素,用不同标准对心理状态进行多方位的考察和研究。如以心理状态对活动效果的影响为标准,可将心理状态划分为最佳心理状态、一般心理状态、不良心理状态;根据心理状态是否具有显著的周期性,可将其划分为周期性心理状态和非周期性心理状态;按照常态、异常可以把心理状态划分为正常心理状态、异常心理状态;等等。

## 二、异常心理

### 疲劳感

一个精神状态正常的人,并不意味着他没有任何心理问题,关键是这些症状的产生背景、持续时间、严重程度以及对个体和环境的不良影响如何。正常人也可能出现短暂的异常现象,时间短、程度轻,尚不能贴上精神病的标签。这些轻微的负面心理状态,通常有

图 1-1

相应的原因,持续时间较短,不伴有明显的睡眠和情绪改变,经过适当的休息和娱乐即可消除。

**焦虑反应**

焦虑反应是人们适应某种特定环境的一种反应方式。正常的焦虑反应常有其现实原因（现实性焦虑），如面临高考，事过境迁而很快缓解。

**歇斯底里**

多见于妇女和儿童。有些女性和丈夫吵架尽情发泄、大喊大叫、撕衣毁物，甚至采取威胁方式。儿童会有白日梦、幻想性谎言表现，把自己幻想的内容当成现实，这是由于中枢神经系统发育不充分、不成熟所致。

**强迫现象**

有些脑力劳动者，特别是办事认真的人会反复思考一些自己都意识到没有必要的事，如是不是得罪了某个人，反复检查门是否锁好了等。但持续时间不长，不影响生活和工作。

**恐惧和对立**

我们站在很高但很安全的地方时仍会出现恐惧感，有时也想到会不会往下跳，甚至想到跳下去是什么情形。这种想法如果很快得到纠正，不再继续思考，则属正常现象。

**疑病现象**

很多人都将轻微的不适现象看成严重疾病，反复多次检查，特别是当亲友、邻居、同事因某病英年早逝和意外死亡后容易出现。但经检查排除相关疾病后能接受医生的劝告，则属正常现象。

**偏执和自我牵挂**

任何人都有自我牵连倾向，即假设外界事物对自己影射着某种意义，特别是对自己有不利影响。如走进办公室时，人们停止谈话，这时往往会怀疑人们在议论自己。这种现象通常是一次性的，而且经过片刻的疑虑之后就会省悟过来，其性质和内容与当时的处境联系紧密。

**错　觉**

正常人在光线暗淡，恐惧、紧张及期待等心理状态下可出现错觉，但经重复验证后可迅速纠正。成语"草木皆兵""杯弓蛇影"等所反映的心理状态，均是典型的例子。

**幻　觉**

正常人在迫切期待的情况下，可听到"叩门声""呼唤声"。经过确

认，自己意识到是幻觉现象，医学上称之为心因性幻觉。正常人在睡前和醒前偶有幻觉体验，不能将其视为病态。

**自笑、自言自语**

有些人在独处时自言自语甚至边说边笑，但有客观原因，能选择场合，能自我控制，则属正常现象。

**阅读材料1-1：**

王某是某学校的学生。自打高中起，她就是班里的学习尖子，老师的宠儿，父母的宝贝。高考那年因身体原因和临场发挥欠佳，没能考上大学，被某中师录取。当时她心里很不是滋味，不想上中师。父母再三做她的思想工作，说只要她好好学习，毕业后再考大学，家里一定全力支持她。自她上中师以后，父母经常到学校来帮她洗衣叠被，并走访老师，鼓励她一心一意学习，不要分心。父亲说，只要她能考上大学，他干什么都可以。父母的过度关注使王某背上了沉重的心理包袱。她总担心自己万一考不上大学该怎么办，越担心越不能集中精力，学习成绩由班上前几名掉到中游。随着毕业的临近，她的精神越来越紧张，时间一长，精神不堪重负。后来一天到晚神思恍惚，心烦意乱，拿起书就头疼。有时父母大老远跑来学校看她，她却避而不见。平时总认为别人都在笑自己，说自己的闲话，碰到芝麻大的事都害怕，过马路怕车撞，开冰箱怕触电，夜里失眠，白天昏沉。离毕业只有三个月了，她却无法坚持下来，不得不休学回家。

**【案例解析】**这是一种心理病症，叫作焦虑性神经症。人们在日常生活中常常会感到焦虑，比如临考前、上讲台前、刚进入一个新的陌生环境时都会产生焦虑。而焦虑是一种心理疾病，其主要特征是无时不焦虑，无时不紧张、害怕，整天为无谓的事情担忧，惶惶不可终日，产生诸如失眠、心悸、头昏、乏力等症状。其产生的原因，一是个人原因，二是环境原因。往往都是心理承受能力差的人在外来压力下和内外因素的共同作用下产生的一种心理病症。像王某的症状，一是自身的心理调节能力差，二是父母的过度关注所带来的压力导致的。

## 三、有趣的心理现象

在我们的日常生活中，一些常见的行为背后，往往隐藏着有趣的心理现象，如选择困难、群体无个性化等。

（一）信息越多，选择结果越差

常言道："箩里选瓜，越拣越差。"美国《决策与判断心理学》杂志刊登的一项研究成果显示，信息越多，选择结果越差。

美国得克萨斯大学研究人员表示，人们通常认为，掌握的相关信息越多，做出的决策就越好。而新研究却得出了相反的结论。研究人员要求参试者对电脑程序提供的250道题进行回答，并计算其累计得分。一部分人提前知道题目的数量和选项，一部分人不知道任何信息。结果发现，那些知道信息越多的人，得分越低。这说明，人们在进行选择时，获取的信息太多反而可能会影响人们的决定。

（二）演唱会上，为什么观众会跟着唱？

事实表明，性格内向、羞于在人前讲话的人，在演唱会上也会跟着歌手大声唱歌，在看体育比赛时也会高声为运动员呐喊助威。同一个人，在不同的状况下，怎么会有这么大的变化呢？当一个人把自己隐藏于团体之中时，其个人意识就会变得非常淡薄。心理学将这种现象称为"没个性化"。个人意识变淡薄之后，就不会注意到周围有人在看着自己，觉得"在这里我可以做自己喜欢做的事情"。巨大的开放感能使人的欲求进一步增长：反正周围也没有人认识自己。没有人际关系的束缚，因此害羞的人在上述场合下会大声唱歌、高声呐喊助威。此外，大声喊叫也是一种释放精神压力的方法，它可以使人心情舒畅。因此，有的人甚至对大声喊叫上瘾，乐此不疲。

不过，如果这种状态持续发展下去，也存在一定的危险性。当人的自我意识过于淡薄时，就会开始感觉什么事都不是自己做的。比如狂热的足球迷，如果自我意识过于淡薄，就可能发展成危害社会的"足球流氓"。当然，"没个性化"并不会在所有情况下都能导致人丧失社会性。在保持着社会性的团体中，"没个性化"也很难使人做出反社会的行为。

心理学家金巴尔德曾以女大学生为对象进行了一项恐怖的实验。他让参加实验的女大学生对犯错的人进行惩罚。这些女大学生被分为两组，一组人胸前挂着自己的名字，而另一组人则被蒙住头，别人看不到她们的脸。由工作人员扮成犯错的人后，心理学家请参加实验的女大学生发出指

示，让她们对犯错的人进行惩罚，惩罚的方法是电击。实验结果表明，蒙着头的那一组人，电击犯错者的时间更长。由此可见，有时，"没个性化"会让人变得冷酷。

（三）乘电梯时，为什么人总往上看

有一天，乘电梯的时候，小王和往常一样，仰头看着显示楼层数的屏幕。突然，小王意识到：为什么我每次乘电梯的时候都会仰着头往上看呢？而且，小王在观察了电梯里其他人之后，发现他们竟然和自己一样，也都仰着头看着显示楼层数的屏幕。难道显示楼层数的屏幕有什么神奇的魔力吗？还是有什么不可思议的心理效应在背后起作用？

实际上，乘电梯"往上看"的行为与我们的"私人空间"有着很大的关系。所谓私人空间，是指存在于我们身体周围的一定空间，一旦有人闯入我们的私人空间，我们就会感觉不舒服、不自在。私人空间的大小因人而异，但大体上是前后 0.6~1.5 米，左右 1.0 米左右。据调查数据显示，女性的私人空间比男性的大，具有攻击性格的人，私人空间更大。在拥挤的电车中我们会感觉不自在，就是因为有人进入了自己的私人空间。

电梯是一个非常狭小的空间。在电梯中，人与人的私人空间出现了交集，也就是说互相感觉到对方进入了自己的私人空间，所以会感到不舒服，都想尽早离开电梯这个狭窄的空间。向上看正是想尽快"逃离"这个狭小空间的心理表现。

此外，盯着显示楼层的数字看，不只是为了确认自己是否到了要去的楼层。当我们急于离开这个狭小空间时，不停变换的数字能让我们感到电梯在移动，让我们感觉到自己是在向"解放"前进，从而缓解焦急的心理。

## 任务二　认识心理学

一提到心理学，很多人都会觉得特别神秘。那么心理学与街头那些算命的、看手相的有什么区别呢？请大家看看下面这段话，并判断这段话所描述的性格特征在多大程度上与你相似。

你很需要别人喜欢并尊重你，你有自我批判的倾向。你有许多可以成为你的优势的能力没有发挥出来，同时，你也有一些缺点，不过，你一般可以克服它们。你与异性交往有些困难，尽管外表上显得从容，其实你的内心焦急不安。你有时怀疑自己所做的决定或所做的事是否正确。你喜欢生活有些变化，厌恶被人限制，你以自己能独立思考而自豪，别人的建议如果没有充分的证据你是不会接受的。你认为在别人面前过于坦率地表露自己是不明智的。你有时外向、亲切、好交际，而有时则内向、谨慎、沉默。你的有些抱负往往很不现实。

这段话很笼统，几乎适合所有的人。这在心理学上被称为巴纳姆效应。那些算命和看手相的，大多是以某种手段掩人耳目，根据人们表现出的较为明显的线索，说出一段很一般的、无关痛痒的话，人们误以为他真的能够预测自己的命运。所以这些东西作为日常生活的调剂，娱乐一下是无可厚非的，但万万不可轻信。

著名的德国心理学家艾宾浩斯（H. Ebbinghaus）曾经说过：心理学虽有一长期的过去，但仅有一短期的历史。心理学既是一门古老的学问，又是一门年轻的科学。说它古老，是因为心理学的前身可以追溯到人类早期的历史。

## 一、心理学的产生与发展

（一）心理学的产生

1. 心理学的萌芽

人们从很早以前就开始关心自身的心理现象并且试图给予解释。最早的解释，把心理说成是灵魂的活动。"心理学"一词来源于希腊语，是由"灵魂"和"学科"两个词语构成的，可以解释为关于灵魂的学问。原始社会末期，在探索自然界支配力的驱使下，人类原始思维发展到较高的阶段，但当时的人们仍无法理解自身的结构和机能，因此只能凭借直观的感受和梦境的影响对自身和外部世界做出判断，于是出现了万物有灵的观点。该观点认为，人和自然界的一切变化都是灵魂的活动。人出生时，灵魂在身体里，控制人体的活动；人在睡觉时，灵魂暂时走出人体；人在觉醒时，灵魂回到人体；人死时，灵魂则永远离开人体。这种万物有灵的观点是人类心理学的萌芽。

### 2. 心理学思想的产生

美国心理学家加德纳·墨菲（G. Murphy）曾说：世界心理学诞生在中国。因为两千多年前，在中国思想家遗留下来的著作中，就有不少关于心理学的认知。例如，春秋时期的孔子（前551—前479）提出："知之者不如好之者；好之者不如乐之者"（《论语·雍也》），"学而时习之，不亦乐乎"（《论语·学而》），以及"因材施教"等诸多观点，其讨论的问题，已涵摄现代心理学中兴趣、记忆和个性差异等问题。战国时期的荀子（前313—前238）提出"形具而神生，好恶、喜怒、哀乐藏焉"（《荀子·天论》），阐明了先有身体而后有心理，心理依附于身体的身心观。

关于心理与大脑的关系，我国古代的思想家对此也有比较正确的认识。明代医药学家李时珍（1518—1593）提出"脑为元神之府"的论断，认为脑是神经中枢，它聚集着人的精神。清代著名医生王清任（1768—1831）根据大脑的临床研究和尸体的解剖，明确指出：灵机、记性不在心而在脑。

在西方国家，古希腊哲学家亚里士多德（Aristotle，前384—前322）的《论灵魂》一书，是人类文明史上关于心理现象的专著。从那个时候开始，直到19世纪中叶，无论在东方还是在西方，都有许多学者研究、讨论心理学问题，但心理学在漫长的岁月中始终隶属于哲学范畴而无独立地位，是哲学家与思想家运用思辨的方法进行研究的领域。

1590年德国马堡大学教授葛克尔（R. Gockel）开始用心理学来标明自己的著作，以"心理学"命名的著作、派别逐渐问世。但是直到19世纪中叶以前，心理学的研究方法都是思辨式的，研究成果多带经验描述性质，因而心理学还不能称为科学。

### 3. 科学心理学的诞生

19世纪中叶，德国医学博士、生理学讲师、心理学家威廉·冯特（W. Wundt，1832—1920）把实验法引入心理学，并于1879年在德国莱比锡大学创建了世界上第一个专门的心理学实验室，对感觉、知觉、注意、联想和情感开展系统的实验研究，创办了刊登心理学实验成果的杂志《哲学研究》，并出版了第一部科学心理学专著《生理心理学纲要》。威廉·冯特此举对于心理学的发展具有划时代意义，因为当心理学采用实验方法之后，对人心理的研究就从对心理、行为的现象描述阶段深入到了对因果关系的揭露阶段。而心理学一旦能够揭露心理活动的因果关系、心理活动的规律，那么它就获得了作为一门独立科学的权利。于是，1879年心理学终于从哲学中分离出来，成为一门独立的科学，冯特也被视为科学心理学的创始人。

从冯特建立世界上第一个心理学实验室，使心理学成为一门独立的科学至今，仅有百余年的历史，因此，心理学又是一门年轻的学科。

图1－2　德国心理学家威廉·冯特

（二）心理学的发展

科学心理学虽然仅有百余年的历史，但由于社会的需要和一批学者的努力，使心理学获得了长足的发展，它发展之快、成果之丰富，是其他学科难以相比的，这具体表现在以下三个方面。

1. 学派不断涌现

反映心理学发展的一个重要侧面，就是各个学派的出现和演变。自19世纪末，由于实验方法的广泛运用，心理学研究的新成果、新理论不断提出，学者们围绕着心理学的对象、任务、方法展开争论，到20世纪30年代终于形成了构造主义心理学、意动心理学、机能主义心理学、精神分析、格式塔心理学等学派。从20世纪50年代开始，学派林立、理论纷纭的局面渐趋统一，呈现出学派减少，各学派互补并存的态势，这也标志着心理学的研究开始走向成熟。

2. 队伍逐渐壮大

心理学刚从哲学领域独立出来时，从事心理学研究的人员很少，仅限于德国、英国、奥地利等国家。但在1980年出版的《国际心理学名录》中，已有来自当代100多个国家的10000位有名望的心理学家被收录进来。全世界有关心理学及相关学科的期刊已达1300份，每年发表30000篇心理学文献。仅从美国来看，全美 3000 所大学几乎都开设了心理学课程，每年培养心理学博士生 3000 多人，主修和选修心理学的人数已超出 300 万。

在中国，现代心理学始于清末改革教育制度、创办新式学校之时。当时成立的各师范学校首先开设心理学课程，所用教材多是从日本和西方翻译过来的。1907 年王国维翻译了丹麦霍夫丁的著作《心理学概论》。1918 年陈大齐所著《心理学大纲》出版，这是中国最早以心理学命名的书籍。1917 年北京大学建立了心理学实验室，1920 年南京高等师范学校建立了中国第一个心理学系。1958 年我国出现了一次批判心理学教学中资产阶级方向的思潮。1960 年至 1965 年是我国心理学研究与教学的恢复阶段，但是"文化大革命"期间又彻底否定了心理学。1976 年以后是中国心理学的大发展时期，涌现出了一大批心理学人才，并且加强了国际交流与合作，心理学的研究和应用得到了较大的发展。

3. 体系日趋完善

心理学虽然是一门年轻的学科，但有较强的渗透性。这种渗透性是指心理学对其他学科的影响。心理学在这百余年的发展过程中，已渗透到许多科学领域和人们的实际生活中，产生了广泛的影响。在教育领域，心理学知识十分重要，它为教师的教学和学生的学习提供了心理学依据；在工商业领域，心理学知识对人际关系、组织管理、产品营销等都有一定的指导意义；在健康领域，心理学知识越来越发挥出它特有的重要作用，心理咨询已被人们广泛接受。心理学的影响已远远超出了教育、生产劳动和卫生保健范围，在军事、司法、文学艺术、体育、航空等领域中也有了用武之地。由于心理学已渗入各个实践领域，服务于社会，这就大大加快了心理学的发展步伐，由此产生了众多的心理学分支学科。据统计，心理学现已有近百个分支学科，形成了一个庞大的学科体系。

**思考与练习：**

1. 结合实际，谈谈你对心理学的认识。
2. 简述心理学的发展历史。

# 项目二　认识服务、民航服务与心理学

**项目导读：**

为民航旅客提供高品质的服务是航空公司在激烈的市场竞争中获得优势的最佳途径。想留住客人,就要用热情周到的服务留住他们的心。

对于民航服务人员来说,要想为旅客提供优质的服务,除了必须成为专业上的强手,拥有专业的服务素养外,还必须要懂得民航服务心理学常识。

**学习目标：**

1. 了解服务的基本层面、服务意识的概念和内涵。
2. 掌握民航服务心理学的研究对象及特征。
3. 掌握民航服务的基本要求。

## 任务一　服务与民航服务

### 一、服务的概念及释义

对民航服务心理学进行研究,首先要了解什么是服务,服务的本质和特征又是什么。

（一）服务的概念

关于对"服务"这一概念的理解和阐述,国内外相关文献的解释和定义有很多种。其中比较有代表性的定义是指为人们提供他们所需要的服务,而这种服务大多数为有偿服务,需要被服务者付出相应的代价或支付一定数量的金钱,符合等价交换原则。

随着社会的不断发展和进步,人们对服务的理解也不断深入,越来越多的人认为服务是一种创造价值的行为,是人与人之间的互动和沟通,并且通过交易使他人感到满足，普遍将服务与产品等同起来，并提出了"服务商品"这一全新概念。

为了全面提高我国各行各业的服务质量和服务水平，国家技术监督局引进了国际标准化组织 ISO（International Organization for Standardization）颁布的国际标准 ISO 9004—2 "*Quality management and quality system element - part 2：Guidelines for service*"，力争通过标准化、程序化、规范化的操作来满足客人的要求。1995 年 6 月 1 日颁布并实施的中华人民共和国国家标准 GB/T19004.2—1994《质量管理和质量体系要素第二部：服务指南》中给出了"服务"的定义："为满足顾客的要求，提供方与顾客接触的活动和提供方内部活动所产生的结果。"从这个定义中我们可以看出：

- 服务是为了满足顾客的物质需求和精神需求；
- 顾客是服务产品或服务的接受者；
- 服务是过程和结果的统一。

服务不能以具体的实物来表现，但是顾客却能感觉到这种无形的产品；同时，服务人员的言谈举止、眼神表情都能给予顾客直观的印象，给顾客造成不同的心理感受，从而决定服务产品的质量好坏。

（二）服务的释义

"服务"的英文表述是 service，其每个字母都有着特定的含义：

S—Smile（微笑）：其含义是服务人员应该对每一位顾客提供真诚的微笑服务，这是最基本的服务要求。

E—Excellent（优秀）：其含义是服务人员应将每一项服务工作都做得非常优秀。

R—Ready（准备）：其含义是服务人员应该随时随地准备好为顾客提供服务。

V—Viewing（看待）：其含义是服务人员应该将每一位顾客都看作是贵宾。

图 1-3

I—Inviting（邀请）：其含义是服务人员在每一次服务结束时，都应该显示出诚意和敬意，主动邀请顾客再次光临。

C—Creating（创造）：其含义是每一位服务人员都应该精心创造出使顾客能享受其热情服务的氛围。

E—Eye（眼光）：其含义是每一位服务人员都应该以热情友好的眼光关注顾客，洞察顾客心理，预测顾客要求，及时提供有效的服务，使顾客时刻感受到服务人员在关心自己。

## 二、服务的本质和特征

通过服务的概念，我们可以看出服务的本质就是通过无形的服务过程满足顾客的特定需求，创造交换价值，从而使顾客的满意值最大化。从服务的本质看，服务产品具有与其他物质产品不同的特征。

### （一）无形性

服务是无形的或者是抽象的。当顾客在享受服务之前，我们所提供的服务是看不见、摸不着、听不到、闻不出的，虽然在提供的服务中包含有形的成分，例如餐饮中的菜肴和酒水，但是这些实体成分并不是餐饮服务的本质，餐饮服务的本质是厨师的烹饪服务、服务员的送餐服务等，而这些服务是无形的、抽象的。

### （二）利他性

根据服务的定义，服务是为了满足顾客的需求而产生的活动。服务不能自产自销，只有满足他人需要的活动才是服务，它离不开他人的需要，因此具有利他性的特点。

### （三）同时性

服务的创造和消费是同时发生、同时结束的。例如，当旅客登机时，机组乘务组就开始为旅客提供客舱服务了；当旅客下机时，客舱服务就结束了。

### （四）差异性

标准化、程序化、规范化的服务效果，往往因服务对象的不同而不同。一方面，顾客的知识经验、文化背景、动机和诚实度都直接影响服务的最终效果，有可能同样的服务，在某一个群体的客人看来是优质服务，而另外一个群体的客人却觉得非常糟糕。另一方面，一项同样的服务由不同的服务人员或在不同的时间来提供，服务的效果也存在差异。因此，在了解服务的差异性特点后，在共性服务中提供个性化服务，往往能提升服务质量。

（五）非转移性

服务是一种人的行为，只能被人们所享用，却不能被他人占为己有。服务产品本身的所有权不会发生转移。例如，客人花钱住酒店是在享受服务人员所提供的服务和酒店设施设备在一定时间内的使用权，而不是购买一间酒店客房的产权，酒店客房的产权仍归属于酒店。

## 三、服务的基本层面

为了体现服务质量和水平，我们通常将服务划分为以下几个层面。

（一）用利服务（底层）

有些民航企业十分浮躁、急功近利、目光短浅，甚至见利忘义，搞"一锤子买卖"。这是某些企业不能长远发展的主要原因。这种服务叫"劣质的服务"。

（二）用力服务（次底层）

相当多的民航服务仍停留在用力服务的层面。把服务当成一种简单的工作，不动脑筋，只管制度面前人人平等，不管旅客的感受。面对旅客的正当要求，"对不起，这是我们的规定"或"不清楚""不知道"成了最好的挡箭牌。制度是必要的，但任何制度都是相对滞后的，让旅客感到腻烦的制度、把旅客气跑的制度是应该修改的。如果员工认为这种服务省事省心不担责任，这就是一种"消极的服务"。

（三）用心服务（中层）

确实把服务当成一项心爱的事业，把旅客当成心爱的"人"，细心、精心地为旅客服务，让旅客感到舒心，最后达到价值双赢，这种服务就叫作"优质的服务"。

（四）用情服务（中高层）

第四个层面是用情服务。投入真情，为旅客提供体贴入微的服务，以真诚赢得旅客的忠诚，这种服务叫作"卓越的服务"。

（五）用智服务（高层）

第五个层面是用智服务。它是文化服务，用艺术和智慧服务。这种服务叫"传奇的服务"，是最高层面的服务。

**阅读材料 1-2：**

## 订机票的马女士很烦恼

青海省大通县的马女士姐妹二人，因有急事要去北京，于是打电话到西宁机场中心售票处，订购了两张 5 月 10 日 14 点 50 分由西宁至北京的机票。当时售票处负责订票的工作人员在电话中询问了她们二人的身份证号码后不久，两张打折的机票便送到了她们手中，这让即将第一次乘坐飞机的马女士姐妹喜出望外。此前她们曾听别人讲，乘飞机需要较多的证件、手续，等等。于是在拿到机票后，她们主动要求送票人查验身份证等相关的证件，送票人却用和蔼的口吻谢绝了。10 日下午，二人在西宁机场办理完乘机手续后，却被机场安检人员以其所持的身份证过期为由，拒绝其前往候机大厅候机。当时，她们的行李已经查验登机，航空公司根据机场安检部门的要求，将托运的行李卸下，马女士二人因此误机。

当她们再次打电话向西宁机场中心售票处反映情况时，却被告知只能退票，并要支付总票款 50% 的退票手续费！而且只能到出票地点，也就是西宁机场中心售票处办理。这让她们感到啼笑皆非：误机耽误了重要的事情不说，还要倒贴进去几百元的退票费，真是"赔了夫人又折兵"。无奈之下，马女士只好从西宁机场打车来到位于西宁市城东区八一路的中心售票处，在咨询该售票处相关的工作人员后，马女士才明白过来，旅客购票应出示本人有效身份证件并填写旅客订座单，经航空公司同意后方可购票，而且机票后的"旅客须知"已经告知购票手续。马女士认为，对于不经常使用身份证的人来说，很少注意它的有效期限，这样就可能在无意中使用过期证件购买机票。如果工作人员在售票时查验身份证件，那么上述情况就可能避免。按此规定，马女士认定售票机构应对她们姐妹二人的误机承担一定的责任。

而西宁机场中心售票处却不这样认为。当记者来到该中心就此事暗访时，一位姓尚的负责人告诉记者，责任全部在旅客，售票中心销售机票时，可以不查验旅客的身份证件，而登机就必须持有效身份证件办理手续，这是常识问题。这位负责人还告诉记者，票款只能退给客票上列明的旅客本人或客票的付款人。同时，除凭有效旅客票外，还应提供旅客本人的有效身份证件！面对这种相互矛盾，又是"单方强制态度"的解释，记者深深体会到了马女士的无奈。

据了解，为了对广大旅客负责，民航相关部门做出规定：旅客在购票时必须出示身份证件。其目的是避免给旅客造成时间和经济上不必要的损失，让所有乘机旅客都能安全、迅速、舒适地到达目的地。

马女士表示，西宁机场中心售票处这种不负责任的霸道做法，很让她伤心，她一定要找相关部门讨个说法！

(材料来源：马戈，青海新闻网，2006年5月23日)

### 四、民航服务概述

根据服务的定义，依据民航业特点，可以把民航服务简单地理解为：按照民航服务的内容、规范和具体要求，以民航资源、设施设备为依托，以旅客的需求为中心，为满足旅客的需要而提供的一种服务。民航服务是依靠民航的各类服务设施，将有形的技术服务和无形的个人影响力及情感传递融为一体的综合性服务，其中旅客是民航服务中的主体，服务人员和民航资源设备是民航服务中的客体，两者通过作为媒介的民航业紧密地结合在一起。

根据民航服务的实践性，民航服务有着更广、更深的内涵：

第一，从服务的项目和内容上看，民航服务不仅是服务能力和技巧的体现，还包括航空公司、机场和酒店所提供的各种服务设施，是有形设施和无形服务组成的共同体。

第二，从旅客的角度看，民航服务是旅客在消费过程中的一种体验和经历，在精神上和物质上都获得了一种满足，这是对服务提供方的一种印象感知。

第三，从航空公司、机场和酒店的角度看，民航服务通过服务人员的劳动生产出无形的产品提供给旅客，产品的质量好坏将直接影响到航空公司、机场和酒店的品牌形象和美誉度，因此良好的民航服务会给旅客带来宾至如归的感觉。

### 五、民航服务的特征

民航服务的特征是以航空服务的特征为基础集中体现的。民航服务是在特殊的环境下对特殊的群体进行的服务，概括起来，它具有如下特征。

#### （一）服务的运行环境特殊

航空服务的实施大多体现在机场或客机上，整个服务过程要受到机场或客舱空间、航班进出港和飞行状态的影响和制约。因此，在服务的时候必须符合严格的规范性和灵活的机动性，机场和机组人员要紧密配合，为旅客提供满意的服务。

#### （二）服务的安全责任重大

航空的安全是旅客的最大需求，保障旅客的生命财产安全是民航服务人员最基本的任务。飞机是比较安全的交通工具，但是一旦出现事故，则将变得十分危险，因此机场的安全检查和空中的警卫工作至关重要。

图 1-4　北京大兴国际机场招聘安全检查员

**阅读材料 1-3：**

## 民航安全检查等级对民航旅客的人身安全检查

### 一级安全检查

它的级别最高，所有乘客要接受最严格的安全检查，包括人体要经过多重 X 光机扫描深测,随身物品要百分之百经机器及人手双重检查等。行李也要经过爆炸物检测器检测。

**二级安全检查**

它的级别次于一级安全检查,乘客至少要经过两道闸 X 光身体扫描,要脱鞋、除皮带,接受手持探测器搜身,随身物品要严格抽检且不少于 50% 等。

**三级安全检查**

它的级别最低,属于常规检查,如探测金属物等。

(材料来源:李又、李素静,《天府早报》,2011 年 8 月 30 日)

### (三)服务内容繁杂,操作难度大

在民航企业竞争日趋激烈的今天,航空服务的内容和项目也越来越细化、繁杂。从国内外各大航空公司和机场所提供的服务内容来看,民航服务涉及面广,包括礼仪、技术、救助、咨询、餐饮、安全、娱乐等多项服务,同时操作难度很大,要求服务人员具备良好的心理素质和高超的服务技能。

### (四)服务消费一次性

民航服务的生产和消费是同时进行的,旅客对民航服务的心理要求具有一次性的特点。一次性服务产品的质量如何,只体现在旅客消费当时的感知,并不是服务后的补偿。对于民航服务人员来说,每一次对旅客的服务都要有积极投入的态度和周到的服务安排,让旅客在第一时间就获得良好的体验。

### (五)个性差异化服务明显

当今民航业的迅猛发展,航空消费趋于大众化,服务人员每天要面对各种各样的旅客,他们的需求也存在差异性。这就要求民航服务人员在提供日常标准化服务的同时,还要根据不同旅客的不同需求来提供个性化服务,关照特殊的旅客,缓解旅客的各种不良情绪。

### (六)服务人员素质要求高

在航空服务的特殊环境下,面对航空旅行的特殊群体,民航服务人员不但应具备良好的外形条件,还必须具备稳定成熟的心理素质、高度的责任心和超强的应变沟通能力。这就需要服务人员具备良好的综合素质，这样才能为旅客带来优质的服务。

阅读材料1-4：

### 亲情服务在东航凌燕乘务组

在中国东方航空公司客舱部众多的乘务组中，有一个凌燕乘务组，组内有着一系列亲情、温馨的服务原则：如果您是年纪较大的旅客，凌燕就是您的孙女；如果你是可爱的小朋友，凌燕就是你的大姐姐；如果您是初次乘机的旅客，凌燕就是您的好导游；如果您身体不适，凌燕会为您送上机内配备的常用药品。

（材料来源：张青、顾伟倩等，《中国民航报》，2004年5月10日）

## 六、民航服务的基本要求

随着民航业的发展，乘客对民航服务人员的素质要求也越来越高。作为一名合格的民航服务人员，应该要达到以下几个方面的基本要求。

（一）健康的体魄和良好的外形条件

首先，民航服务行业是脑力和体力劳动都高度集中的密集型产业，工作强度大、时间长，没有健康的体魄是不能够胜任这项工作的。

其次，良好的外形条件有助于民航服务人员给旅客留下良好的第一印象，从而拉近与旅客之间的距离，增强亲切感。但是，良好的外形条件并不是单纯地指美丽的容貌，而是服务人员自身由内向外透露出来的个人气质，是一种个人魅力的展现。

（二）成熟稳定的心理素质

相关心理研究表明，各种突发事件的处置成功与否，直接取决于处理者心理素质的好坏。在民航服务过程中，经常会遇到一些复杂的问题和紧急突发事件，这就需要民航服务人员具备良好的心理素质。成熟稳定的心理素质体现为处变不惊、沉着果断、胆大心细，除了能有效地控制自身情绪外，还能影响和控制周围其他人的情绪。此外，民航服务人员还要学会在面对困难、挫折以及旅客的抱怨时，能够及时调整自己的情绪，始终为旅客提供优质的服务。

（三）敏锐的服务意识

要服务，首先就要有服务意识。服务意识是服务人员主动为客人提供优质服务的意念和愿望，是人们服务行为的驱动力，是更好地满足客人需求的前提和基础。

民航服务人员应以使旅客感到宾至如归为服务原则，树立"旅客至上，服务第一"的意识。一名优秀的民航服务人员如果能始终以旅客为中心，或者从旅客的角度来体会旅客的需求，就能妥善处理在服务过程中发生的种种矛盾。

（四）积极合作的团队精神

在为实现共同目标而建立的团队中，成员们必须对如何将个人力量更好地贡献于集体目标具有统一的理解和认识，并建立起共同的承诺，使团队成员为了一个共同的目标而有机地凝聚在一起。由不同背景、不同经历的个人所组成的团队将会产生更多具有创新意义的设想。在民航服务过程中，团队应该具有这样的潜能，即能把各种技能、经验和专业知识有机地结合起来，保持服务的活力和创新，在竞争中求得生存和发展。

阅读材料 1-5：

### 迷人的泰航空姐服务最受欢迎

图 1-5　泰航空姐

英国伦敦"Skytrax"研究机构近九个月来对三百多万名国际乘客进

行调查的结果显示，面带甜甜微笑的泰国航空/Thai Airways 的空姐最受欢迎，获得了空中服务员奖项第一名。最佳航空公司由英国航空/British Airways 夺得。

Skytrax 总部设于英国伦敦，每年均会针对全球最佳机场、航空公司、空服员、餐饮、最佳头等舱、最佳经济舱、最佳经济舱餐饮等多项分类进行调查评比，由于其调查样本来自网络、商业调查团体实际访谈、电话访问等多种渠道，而且样本数往往多达近百个国家共数百万人，因此评比结果在航空界一向具有高公信力与指标性。与一般乘客最相关的空服员奖项，则由总是带着甜美微笑的泰国航空空姐取得第一名，第二名是卡塔尔航空，第三名为马来西亚航空，第四名为日本全日空航空，第五名是新加坡航空。其评比标准主要包含旅客登机协助、安全须知及程序介绍、餐饮服务效率、空中服务人员的解决问题能力、友善度、语言技巧、整体服务效率等共计 16 项指标。

（材料来源：中国新闻网，2006 年 9 月 22 日）

## 任务二 民航服务心理学

为民航旅客提供高品质的服务是航空公司在激烈的市场竞争中获得优势的最佳途径。想留住旅客，就要用热情周到的服务留住他们的心。

对于民航服务人员来说，要想为旅客提供优质的服务，除了必须成为专业上的强手，拥有最专业的服务素养外，还必须要懂得民航服务心理学常识。

### 一、民航服务心理学的研究对象和任务

#### （一）民航服务心理学的研究对象

民航服务心理学主要是研究民航旅客的消费心理、民航服务心理以及服务人员的心理。民航服务过程不仅包括了民航旅客和民航服务人员两大

群体，同时也被各种社会、经济、政治和文化等多方面的因素所影响。因此，我们在研究民航服务心理学的时候必须要结合各种环境因素来综合考虑。

1. 民航旅客的消费心理

民航心理学要探讨民航旅客的需求、动机、情感等相关的心理活动特点和规律，了解心理因素对旅客选择服务产品和消费过程的影响。《孙子兵法》中提道："知己知彼，百战不殆。"在民航服务中，了解自身的服务对象的需求和动机能够有效地帮助我们更好地为旅客提供满意的服务，并且有助于我们正确认识、预测旅客的行为，使我们能正确地引导旅客的行为。

2. 民航服务心理

从心理学的角度看，民航服务实质上是民航服务人员通过与旅客的互动交往，以帮助旅客获得良好的消费经历和消费体验的过程。要让旅客获得良好的消费体验，就必须在服务过程中迎合旅客的心理需求，满足旅客的需要。所以，民航服务过程中的心理研究就显得非常重要。

3. 民航服务人员心理

民航服务人员，例如机场地勤服务人员、航空公司飞行人员以及空中乘务人员的需求、情感、人际关系等心理活动的特点和规律也属于民航服务心理学研究对象的范畴。目前的服务行业中，服务产品的质量不仅取决于设备设施等硬件要素，还取决于服务人员的素质、服务意识和服务技能等软件要素。因此，充分了解民航服务人员的心理，在管理中才能做到有的放矢，才能提高管理效率和服务质量。

### （二）民航服务心理学的研究任务

民航服务心理学主要研究民航旅客、民航服务人员以及二者在服务交往过程中的心理规律，其研究任务主要包括以下三个方面。

1. 研究民航旅客在消费过程中的心理，为向旅客提供针对性服务奠定理论基础

民航服务心理学作为心理学的分支，主要研究旅客的行为背后有哪些心理需求。例如，旅客在机场换登机牌时有何需求？在过安检门时有何需

求？乘机时又有何需求？我们在满足旅客需求后，为什么他们又会有新的需求？民航服务心理学就是研究旅客的消费心理，并用它来指导服务工作，帮助服务人员了解旅客的心理需求，掌握旅客的心理规律，以便针对这些需要提供更好的服务。

2. 研究民航服务人员的心理，为提高民航服务质量提供理论依据

实际工作中，服务人员的素质和心理品质的好坏，与服务质量的好坏有着紧密的联系。民航服务心理学要从民航服务人员的知觉、情感、意志、能力等多方面研究服务人员的心理规律，帮助服务人员认识自我、调节自我，以良好的精神面貌完成对旅客的每一次服务。

3. 研究民航服务人员与旅客在服务交往中的心理，提高整体服务质量

民航服务工作，是由一个个服务环节所组成的、不断运动的服务过程。例如，航班延误时如何缓解旅客焦急的情绪？旅客因为航班延误而情绪不佳，怒气难消，服务人员如何调节自身情绪，避免与旅客发生矛盾？如何做好每个环节的衔接，与旅客进行有效的沟通，从而引导旅客的心理变化，顺利完成服务工作？

## 二、学习民航服务心理学的必要性和意义

通过民航服务心理学的学习，不仅能帮助我们从理论上理解旅客及服务人员自身的心理规律，同时对于民航服务水平的提高和民航事业的发展具有一定的实际意义。

### （一）有助于提高民航服务人员的职业素质

随着中国民航运输的快速发展，各大航空公司之间的竞争日益激烈，为了提升企业之间的竞争力，对服务质量的要求提出了更高的要求。民航服务人员一方面要了解旅客的各种心理特点，并由此来提供有针对性的服务；另一方面要了解自身的心理变化特点，培养自身良好的心理素质和职业素养。

### (二)有助于提高民航企业的管理效率和经营水平

通过民航服务心理学的学习,能让我们更好地把握民航旅客的个性特点,帮助我们用心理学规律去分析旅客的心理规律,有利于调整企业的经营方针和策略。另外,我们还能对企业的每个员工的心理进行分析,找出员工的需求和心理变化,积极地调节员工的心理状态,充分激发员工的工作积极性。

### (三)有助于提高民航服务质量

民航企业要取得企业竞争的胜利,就必须使自己的服务产品能有效地满足旅客的需求,而且这种产品要不断地推陈出新。民航服务心理学就肩负着帮助我们了解旅客和自身的重要任务,对于我国民航事业的发展和提高民航服务质量有着重要的作用。

**思考与练习:**
1. 结合实际谈谈如何理解服务的定义。
2. 什么是民航服务?民航服务的要求是什么?
3. 简述心理学的发展历史。
4. 联系实际分析学习民航服务心理学的意义。

# 模块二　服务篇：服务从心开始

## 项目一　民航服务与知觉

**项目导读：**

人类通过感知世界而获得知识，产生思维和行动。知觉可谓是解释各种行为发生的一把万能钥匙。通过了解社会知觉的内涵与特征，学会运用社会知觉的规律，有助于更好地把握旅客心理，分析、处理在民航服务中遇到的各类问题，从而提高民航服务质量。

**学习目标：**

1. 理解知觉的含义与基本特征。
2. 了解影响旅客知觉的因素，摸清旅客的不同需求。
3. 掌握知觉的内容，提高服务的技能技巧。
4. 掌握知觉的偏差，了解人们行为的种种来源。

### 任务一　民航旅客的知觉

我们生活在一个感觉丰富的世界中，任何一个人都不可避免地从外界接受各种信息并做出反应。但是任何人都不可能让所有人对一个事物做出一致的判断。知觉过程就是人们依赖自己的经验，对所获得的信息进行理解的过程。探究知觉的特点与规律，有助于民航服务人员更好地把握旅客心理，从而提供优质服务。

## 一、旅客知觉概述

知觉是人脑对直接作用于感官的客观事物的各个部分和属性的整体的反应。人的知觉不同于计算机，在对感觉到的事物赋予意义时，人们常常会附加或者从中抽掉一些东西。知觉包括对物的知觉和对人的知觉。对人的知觉就是社会知觉，它远比对物的知觉要复杂得多。

## 二、知觉的基本特征

（一）整体性

知觉的整体性指知觉的对象都是由不同属性的许多部分组成的，人们在感知它时却能依据以往经验组成一个整体（如图 2-1、2-2 所示）。知觉的整体性可以归纳为以下定律。

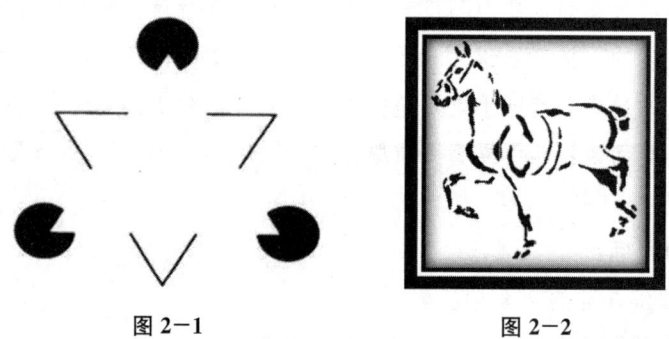

图 2-1　　　　　　　图 2-2

1. 接近律

它是指空间位置接近或发生时间相近的客体，容易被知觉为同一个整体。比如人们习惯上认为泰国、马来西亚、新加坡离得很近，常常把它们划为一个地区来考虑，这就是接近律的一种体现。

2. 相似律

它是指人们在感知各种刺激物时，容易将具有相似自然属性的事物组合在一起。例如，人们不容易分辨中国人与日本人、韩国人以及美国人与加拿大人、英国人，就是因为他们的长相、举止相似。

3. 连续律

它是指几个对象如果在空间和时间上具有连续性，则容易被感知为一个整体。例如，世界各国航空公司的职工、空中乘务人员都有统一制服。人们一看到他们的服装及不同的标志，很容易将他们知觉为一个整体。他们代表了公司的形象，成为航空公司的象征。

**案例分析：**

实验者先给被测试者呈现一张图片，上面画着一个身穿运动服正在奔跑的男子，使人一看就断定他是球场上正在锻炼的一位足球运动员。接着给被测试者呈现第二张图片，在那个足球运动员的前方，有一位惊慌奔逃的姑娘。这时该图片就被断定为一幅坏人追逐姑娘的画面。最后实验者拿出第三张图片，在两个奔跑者的后面，是一头刚从动物园里逃跑出来的狮子。这时，被测试者才明白了画面的真正含义：运动员和年轻的姑娘为躲避狮子而拼命地奔跑。可见离开了整体情境，离开了各部分的相互联系，部分就失去了它确定的意义。

（二）选择性

客观事物是多种多样的，在特定时间内，人只能感受少量或少数刺激，而对其他事物只做模糊的反应。被选为知觉内容的事物称为对象，其他衬托对象的事物称为背景。某事物一旦被选为知觉对象，就好像立即从背景中凸显出来，被认识得更加鲜明、更加清晰。一般情况下，面积大的、颜色鲜艳的、移动速度快的，以及同周围明晰度差别较大的事物都较容易被选为知觉对象。即使是同一知觉刺激，如观察者采取的角度或选取的焦点不同，亦可产生截然不同的知觉经验。影响知觉选择性的因素有刺激的变化、对比、位置、运动、大小、强度、反复等客观因素，同时还受经验、情绪、动机、兴趣、需要等主观因素的影响。由知觉选择现象可知，除了少数具有肯定特征的知觉刺激（如握在手中的笔）之外，我们几乎不能预测，提供同样的刺激情境能否得到众人同样的知觉反应。

下面的三幅图（图2-3、2-4、2-5）在心理学上被称为"两可图"。所谓两可图就是既可以看成是这样，也可以看成是那样，究竟看到了什么，则取决于人们将目光集中在哪个部位，或者以什么为知觉对象，以什么为知觉背景。例如，图2-3，既可以看作是一只鸭子，也可以看作是一只兔子。图2-4，晃眼一看是只花瓶，但是将视线集中在图案两侧的阴影上的话，就能看出是两个侧面的人头像。图2-5，既可以看作是一位妙龄少女，也可以看作是一位年事已高的老奶奶。

图2-3　　　　　　　图2-4　　　　　　　图2-5

（三）理解性

知觉的理解性，是指必须借助过去的知识和经验，理解客观事物的含义，才能形成整体的知觉印象。知觉理解性的主要影响因素，包括个人的知识经验、言语指导、实践活动及个人兴趣、爱好等因素。当我们知觉某一刺激时，如果与需要、态度和兴趣有关，就可以使知觉直接对准我们所需要的事物，从而缩短知觉距离，但有时这也易使我们形成偏见。例如，一名旅客在飞机上对某位空姐的服务不满意，就容易认为这家航空公司的服务不到位，服务质量不高，进而对这家航空公司形成不好的印象，以后也不愿乘坐这家航空公司的飞机。

（四）恒常性

知觉恒常性，是指在一定范围内改变知觉条件的情况下，人们对物体或品质的知觉却保持恒定的一种心理倾向。在不同的角度，不同的距离，不同明暗度的情境之下，观察某一熟知物体时，虽然该物体的物理特征（大小、形状、亮度、颜色等）因受环境影响而有所改变，但我们对物体特征所获得的知觉经验，却倾向于保持其原样不变的心理作用。像此种外在刺激因环境影响使其特征改变，而在知觉经验上却维持不变的心理倾向，称为知觉恒常性。例如，绿色的东西无论在红光条件下，还是绿光条件下或白光条件下，在你眼中它都是绿色的。

## 任务二 知觉在民航服务中的应用

知觉不仅受感觉系统、生理因素的影响，而且极大地依赖一个人过去的知识和经验，以及个人的兴趣、需要、动机、情绪等心理因素。现代神经心理学的研究表明，知觉过程是一个复杂的机能系统，这个系统依赖于许多皮层区域的完整复合体的协调活动。

### 一、刺激因素——航空公司自身的影响因素

人从同时作用于感官的纷繁刺激物中主观地选择某些刺激物做一定的加工，被选择的刺激物就是知觉对象，而其他刺激物就是知觉背景。与知觉背景相比，知觉对象一般是鲜明的、完整的、有意义的、容易被记忆的。人们往往对自己周围世界的某种刺激物的大小、形状、声音、色彩、运动情况等比较熟悉，当其他一些刺激因素出现时，如果这些刺激因素与人们所预料的差别较大，就容易引起人们的注意，从而成为知觉的对象。一般来说，响亮的声音、鲜艳的色彩、突出的标记等都会引起人们的注意，使人们清晰地感知这些事物。世界各国的航空公司，无论是公司标志、飞机标志，还是服务人员的服务，服务技能技巧，其目的都是吸引旅客的注意力，给旅客留下深刻难忘的印象。

**阅读材料 2-1：**

### 颜色会影响你的心理情绪

核心提示：*颜色是通过人的视觉起作用的。不同颜色所发出的光的波长不同，当人眼接触到不同的颜色时，大脑神经做出的联想与反应也不一样，因此色彩对人的心理有直接的影响。*

如图 2-6，是 Henri Coanda 国际机场的贵宾候机室，设计师将这个候机

图 2-6

室设计成了一个令人兴奋的地方。不同色块的搭配使得整个候机室显得五彩斑斓，这是一个积极的空间。很多机场候机室的色调都比较单一，而且是以冷色调为主，本是令人休息的区域反而会给人一种想尽快离开的感觉。这个彩色的候机室就会给人一种舒适、兴奋的感觉，而且其装饰材料和家具可以吸收噪音，最大限度地降低了周围噪音给候机者带来的干扰。

绿 色

绿色是一种令人感到稳重和舒适的色彩，具有镇静神经、降低眼压、解除眼疲劳、改善肌肉运动能力等作用，自然的绿色还对晕厥、疲劳、恶心与消极情绪有一定的舒缓作用。但长时间处在绿色的环境中，易使人感到冷清，影响胃液的分泌，食欲减退。

蓝 色

蓝色是一种令人产生遐想的色彩，同时它也是相当严肃的色彩，具有调节神经、镇静安神的作用。蓝色的灯光在治疗失眠、降低血压和预防感冒中有明显作用。有人戴蓝色眼镜旅行，可以减轻晕车、晕船的症状。但患有精神衰弱、抑郁症的人不宜过多地接触蓝色，否则会加重病情。

黄 色

黄色是一种象征健康的颜色，它之所以显得健康明亮，是因为它是光谱中最易被吸收的颜色。它的双重功能表现为对健康者有稳定情绪、增进食欲的作用；对情绪压抑、悲观失望者则会加剧这种不良情绪。

橙 色

橙色能产生活力，诱发食欲，也是暖色系中的代表色彩，同样也是代表健康的色彩，含有成熟与幸福之意。

白 色

白色能反射全部光线，具有洁净和膨胀感。空间较小时，白色对易动怒的人可起调节作用，这样有助于维持血压的正常。但孤独症、精神抑郁症的患者，则不宜在白色的环境中久住。

粉 色

粉色是温柔的最佳诠释。经实验，让发怒的人观看粉红色，情绪会很快冷静下来，因为粉红色能使人的肾上腺激素分泌减少，从而使情绪趋于稳定。孤独症、精神压抑者不妨经常接触粉红色。

### 红色

红色是一种较具刺激性的颜色，它给人以燃烧和热情感。但不宜接触过多，否则不仅会影响视力，而且易产生头晕目眩之感。心脑疾病患者一般是禁忌接触红色的。

### 黑色

黑色具有清热、镇静、安定的作用，对激动、烦躁、失眠、惊恐的患者具有一定的恢复、安定作用。

### 灰色

灰色是一种极为随和的色彩，能与任何颜色和谐搭配。所以在色彩搭配不协调时，可以用灰色予以调和。灰色对健康没有负面影响。

以上是专家对色彩心理的描述，任何颜色都有它的正面影响和负面影响。其实我们每个人都有自己的代表色，颜色能看出每个人的心理特征，但这个世界不可能有百分百纯色系的人存在，因为每个人的心理都是错综复杂的。

（材料来源：39健康网，2011年8月4日）

（一）机场环境对旅客社会知觉的影响

优美宜人的机场环境，会吸引旅客的注意力，给他们留下美好的印象，从而在一定程度上提高旅客对航空公司的美誉度。

**阅读材料2-2：**

## 韩国仁川国际机场

仁川国际机场的造型很漂亮，整个布局像一架飞机。机场内有中、英、韩三国文字。

随着地球村时代的到来，作为东北亚关口的仁川国际机场航站楼是韩国国内最高技术和韩国文化的集中体现，向世界展现了韩国人的气魄和凝聚力。

候机大厅具备尖端技术设备和充足的便利设施，不但在机场设施上寻求功能的完备，而且努力为乘客提供舒适的环境。

大规模绿地空间，人性化的生活文化空间，展现了韩国固有的建筑美。为了使航空公司及机场更有效地运营，机场建设了各种新式设施。航站楼的设计理念融入了能够反映韩国传统文化样式的形状、材料、色彩，并充分利用社会发展、经济发展、技术进步的最新成果，将机场建设成韩国具有标志性的建筑物。

航站楼的外观设计，反映出空气与水的融合，以大型船只的船樯为构想，体现柔和的节奏感和艺术造型美。为了强调国家关口的作用，航站楼设计成传统宫殿城门的形象，同时具备最尖端的自动化设备。基本构造分为主楼和候机长廊，有44个登机口和16个停机坪。44个登机口中有38个国际航线，3个国内航线，3个国际国内共用航线。

**图 2—7　连续两年获评"全球最佳机场"的仁川国际机场**

交通中心作为仁川国际机场的第一个门户，既是仁川国际机场的中心交通设施，也是韩国国际交流的始发点。为了和候机大厅有通畅的交通连接，交通中心建设于航站楼前面，总面积为252256平方米，是地下有3个层面，地上有2个层面的复合建筑物，设有可以停放约5000辆汽车的停车场，以及为乘客和常驻工作人员提供的便利设施。

交通中心在功能和形态上作为仁川国际机场的中心交通设施，考虑到建筑物的有机构成和连贯性，采用了亲环境的设计理念，从而强化了仁川国际机场 Green Airport（绿色机场）的形象。

（材料来源：百度百科，2011年11月18日）

(二)空乘服务人员的服装对旅客社会知觉的影响

各航空公司空乘服务人员的服装各具特色,或体现民族特点,或追求美观时尚,其目的都是体现自身的企业文化与理念,吸引旅客的注意力,力求给旅客留下美好、深刻的印象。例如,法国的航空公司在服装设计上独具匠心,力求尽善尽美,给旅客留下了良好的印象,详见下引材料。

阅读材料2-3:

### 大师给美女换装,法航引领空中时装秀

提到法国,你会想到什么?是香榭丽舍大道、埃菲尔铁塔,还是法国大餐?也许这些在你心里都比不上精致的法国时装与优雅的法国女郎。

法国女郎有着一种淡雅的、透着幽香的性感,就如苏菲·玛索,给人以纯真的美感。看美女,是许多人看法国片的原因之一,这或许也可以理解为人们偏爱法航航班的原因。法航的空姐,不论年龄大小,都有着属于法国女郎独特的美丽以及法航惯有的优雅与从容,且凭借这种气质征服了许许多多来自世界各地的旅客。

就在不久前,法航的空姐们脱下了陪伴她们17年之久的旧制服,穿上了由巴黎著名设计师克里斯汀·拉克鲁瓦为其设计的新款制服。与此同时,大韩航空公司等也纷纷酝酿换装,一场空中时装秀就此拉开序幕。

**优雅源于细节**

步入法航大中国区办公室,展现在记者眼前的恰是法航的新款制服。100件单衣和饰物的搭配体现了设计的精髓。全套制服从手套、女鞋、帽子、短外衣到正装,甚至包括孕妇装,都史无前例地出自一人之手——巴黎高级女装设计师克里斯汀·拉克鲁瓦。新款制服的基本色仍然是法航使用了70余年的深蓝色。在法航看来,深蓝色适于营造精确和专业化的观感。当然,新款制服也有所改进,设计师在经典的"法航色"基础上,加入了白色和红色。这一颜色的选用,既体现了女性的柔和气质,又不失时机地展现了动感与活力。

秉承"优雅总是流露于细节"这一理念的法航,在此次制服改装过程中特别注重对细节的打造。制服的衬里上装饰了印花;所有的户外衣服

（可以解开纽扣穿着的衣服），如外套和夹克，都带有提花衬里，图案为70年来一直作为法航象征的长翼海马和法航的其他标志。此外，设计师还为女性员工特别设计了一个全新创意的图案，设计灵感来自"未蜷曲"的海马和花纹。花边则是克里斯汀·拉克鲁瓦设计作品中的惯用元素，洋溢着轻盈与女性的柔情。

（资料来源：中国民航信息网，2005年8月30日）

人们关注空乘服务人员的服装，转而关注空姐，就体现了社会知觉选择性的特点。乘务员独特的服装，在颜色相对单调的机舱内无疑形成了一道亮丽的风景线，极大地吸引了旅客的注意力，引起了他们的兴趣。这也是航空公司树立品牌形象，赢得市场的良好营销手段。

（三）服务措施与服务手段对旅客社会知觉的影响

机场环境、服务措施、员工服装是航空公司吸引旅客的外在手段，是能够对旅客产生持久影响力的关键，是航空公司的服务举措与手段。有些航空公司对此不惜投入巨大的财力、物力，精心打造自己的品牌和形象。

（四）飞机班次、时间及机上服务对旅客知觉的影响

各种飞机所具有的基本功能从本质上讲是相同的，它们之间的差别难以区分。旅客对某航空公司的偏爱与航空公司所使用的飞机型号几乎没有多大关系。研究表明，旅客对班机的选择，主要与以下四个因素密切相关：

（1）起飞时间；

（2）是否能按时到达目的地；

（3）中途着陆次数；

（4）服务人员的服务态度。

从上述四个因素可以看出，时间的价值对于旅客来说是非常重要的，这比飞机的类型和娱乐条件更为重要。首先，现代人重视时间的价值，希望飞机起飞和到达的时间符合自己的需要和计划，以便充分利用时间，顺利完成自己的计划。其次，旅客希望在最适合的时刻起飞，并按时到达目的地。一般来讲，旅客对直达班机的印象最好，对经停着陆次数多的航班印象就要差一些。因为中途着陆可能延误飞机的飞行时间，耽误行程。而

且飞机事故发生频率最高的时段就是在起飞和降落中，从而增加了旅途的危险性，让旅客在心理上感觉到不踏实。而且，飞机起降时旅客也有较强的不适感。此外，民航服务人员的服务态度也相当重要。相互竞争的航空公司，除了航班时间与机型上不同外，很难再找到他们之间的其他区别。两者飞往同一个目的地，如果价格也接近的话，服务质量就显得尤为重要了。在同样安全而便利的航班中，只有那些服务良好的航班才最受欢迎。飞机的类型、驾驶员的技术水平、飞机的新旧以及机上休息和娱乐设施等，也是旅客很关心的因素。因为这些因素与飞行的安全与舒适度密切相关。总之，旅客对飞机的知觉印象主要建立在时间、安全与舒适的基础上。

**阅读材料 2-4：**

## 飞机上的黑色时刻

飞机起飞时 6 分钟和降落时 7 分钟，被称为"黑色 13 分钟"。此时是飞行员操纵飞机最为紧张繁忙，精力高度集中的阶段。飞机上的仪表设备要同时接受地面航向台、下滑台、信标台等的引导信号，飞行员要始终与指挥塔台保持无线电联络，听从塔台的指挥，保持规定的飞行数据，在下滑进近阶段飞机的安全完全由机上仪表的指示准确程度所决定。起飞和降落是飞机最不稳定的时候，飞机的状态在短时间内剧烈变化，一旦出现其他干扰，飞行员很难在短时间内控制住飞机，航向、高度稍有偏差，就可能飞出安全保护区，与地面障碍物相撞或着陆失败，造成空难事故。世界上超过一半的空难发生在黑色 13 分钟之内，而我国统计资料显示，高达 65% 的国内空难发生在黑色 13 分钟之内！在黑色 13 分钟历史中，最著名的莫过于前波兰总统遭遇的黑色 13 分钟了！所以在飞机最危险的黑色 13 分钟里，请乘客们一定要配合机组人员做好安全工作！

（材料来源：民航资源网，2011 年 10 月 18 日）

（五）旅客对机上服务的知觉

旅客感知机上服务时，主要注意的是服务质量和服务特色，知觉印象取决于服务质量的高低和服务项目的新颖度。对机上服务质量的评价，国

际上通行五个标准：有形性标准、可靠性标准、信任性标准、责任心标准和移情作用标准。

（1）有形性指设施、服务人员的仪表；

（2）可靠性指可靠、准确地提供许诺的服务的能力；

（3）信任性指给人以信任和信心的服务人员；

（4）责任心指热情帮助旅客的意愿；

（5）移情作用是指对旅客的关心和个别照顾，体现了服务人员对旅客需要的理解。

总之，友好、热忱、优雅、周到、礼貌的机上服务，容易使旅客产生舒适感、安全感和公平感，从而留下良好的印象。

各个航空公司的竞争，归根到底就是服务质量的竞争。因此，提高自身的服务质量和水平，是航空公司最重要的工作目标。通过调查数据可以看出，网上用户对于飞机上的服务，尤其是人性化服务更为关注。如果航空公司在空乘人员的培训和客舱环境上进一步努力，并且在这两点上增大宣传力度，将在目前激烈的航空市场竞争中建立起一个竞争壁垒，保持自己的竞争优势。

### 二、个体因素——影响旅客社会知觉的主观因素

旅客社会知觉不仅受客观因素的影响，也受主观因素的影响。影响旅客社会知觉的主观因素主要包括以下几种。

#### （一）兴趣

一般来讲，人们所选择的知觉与其所关心的事物是密切相关的。兴趣，能帮助人们在知觉事物中排除毫不相干或无足轻重的部分。兴趣是人们积极探究某种事物或从事某种活动的意识倾向。这种倾向使人们对某种事物给予优先关注。人们通常把自己感兴趣的事物作为知觉对象，而把那些和自己兴趣无关的事物作为背景，或干脆排除在知觉之外。例如，一个常乘坐飞机的旅游者，比不常乘坐飞机的旅游者更容易注意航班及其票价的变化。一个讲求办事效率，思想较为敏锐、开放的人，购买飞机票时可能更乐于接受网上的订票服务。

（二）需要和动机

人们的需要和动机对知觉有着重要的影响。动机，是直接推动人们从事某种活动的内在驱动力。一般情况下，只有那些能够满足人们需要，符合人们动机的事物，才能引起人们的注意，从而被清晰地感知。随着我国市场经济的发展以及全球经济竞争的加剧，时间往往成为决定人们能否取得成功的重要因素。一些商务旅行的旅客在选择交通工具时首选飞机，因为飞机的方便、快捷能够满足他们对时间的需要。还有一些人对社会地位的心理需要影响了他们的知觉。在我国，受经济发展及生活水平的影响，在人们看来，乘坐飞机仍然属于较高的消费。有些人为了满足身份、地位的需要，出行时往往选择飞机作为交通工具。另外，飞机在机舱的具体环境中也有许多代表地位的象征物。例如，飞机上的头等舱有别于经济舱，选择头等舱的人往往具有彰显社会地位的心理需要。还有一些人比较追求优质的服务。汽车、火车、飞机三者的服务质量、服务水平有着较大的区别。相对来讲，飞机上的空中服务质量较高，这往往成为很多人选择飞机出行的理由。总之，人们的需要和动机对知觉有着非常显著的影响。以下的案例就很好地说明了这一点。

**阅读材料 2—5：**

## 突出服务特色，提升服务品质

某分公司客舱部深入贯彻公司总经理讲话精神，扩大北京、上海、成都、西安、喀什五条重要航线航空市场的占有份额，在继续实施各项品牌服务的基础上，以提升"五大市场"竞争力为工作目标，将如何提升空中服务质量，突出两舱服务、特色餐食、细化服务，丰富客舱文化等环节作为重点工作，充分发挥自身优势，强化竞争意识，围绕公司既定工作目标，创新各项服务举措，积极打造和突出具有地域、民族特色的航班服务，力求使旅客从视觉、味觉、听觉三大方面感受该航空公司优质的空中服务氛围。该分公司已经在航班上实行的措施有以下一些：配备民族特色的服务用品、用具，在上述五条航线的飞机上给旅客配备民族餐食和小吃；在全体乘务员中开展"爱心大使""微笑天使"评选活动，并让评选出的服务明星佩戴"爱心大使""微笑天使"的工作牌上岗；在航班上为旅客提供方便的"百宝袋"；针对上海航班出港时间较早的情况，特别为旅客增供一份中式早餐；等等。上述举措在执行了一段时间之后，受到了广大旅客的普遍好评和欢迎，取得了良好的社会效益和经济效益。

（资料来源：中国民航信息网）

航空公司提供贵宾服务，在一定程度上满足了一部分人的特殊需要，使他们获得了身份、地位等方面的满足，他们自然会对这样的航空公司抱有好感和加以赞誉。

（三）经验和期望

经验，是人们从实践活动中得来的知识和技能。凭借以往的经验，人们可以很快就对知觉对象的意义做出理解和判断，从而节约感知时间，扩大知觉范围。比如，有的旅客对某家航空公司的服务很满意，那么今后他很可能会再次选择该航空公司。原因就在于他对这家航空公司形成了良好的印象，以往的经验促使他成为这家航空公司的忠实旅客。另外，如果有人曾向他介绍、推荐某家航空公司并极力称赞该航空公司的服务，那么，这些知识和间接经验就可能影响他的决定，他出行时就会选择这家航空公司的航班。

阅读材料2-6：

## 哥哥，明年我还办无人陪伴

独自成行的孩子是父母心中的最大牵挂。南航针对无成人陪伴的小旅客专门开展了特色服务，从空中到地面，全面启动"无缝"服务，让这些无人陪伴的儿童快乐、安全地抵达目的地，也让他们的家长安心、放心。

暑假是无人陪伴儿童出行的高峰期。据悉，在7月1日到8月30日期间，单南航就运输无人陪伴儿童1695名，最高峰时一天就有53名。眼下开学在即，南航又迎来了新一拨无人陪伴儿童的高峰。据了解，从8月25日起，南航每天运输无人陪伴儿童均超过45名，甚至突破50名。

从空中到地面，在南航为这1000多名无人陪伴儿童提供"无缝"服务的过程中，发生了很多感人的小故事，空中"邮寄"儿童的过程充满了南航工作人员的爱心、细心、耐心和诚心，家长放心托付，孩子独立飞翔。

"哥哥，飞机又延误了吗？" 8月25日，11岁的西安无人陪伴儿童刘××看着正在为他填写交接单据的值机员小徐无奈地问道。小小年纪的他已经是有5年飞龄的空中小飞人了，平均每月飞行两次的他长期在柜台申办无人陪伴业务，现场的员工们都对他再熟悉不过了。

那天的延误其实时间并不长，但小乘客却显得特别的失落。细心的小徐轻轻地抚摸着他的小脑袋说："小伙子，延误不了多久，放心吧！""我不想回去！"小乘客嘟哝着吐出这样一句话。声音虽小，但字字都扎在了小徐心中。看到孩子的情绪确实不好，小徐便将他带到了休息室，拿出了一瓶水，拍着他的肩膀说："小伙子，有什么不高兴的事，跟哥哥说说呗！""没啥好说的！"小乘客一声不吭地拿出了背包里的游戏机，自顾自地玩起来。

没有打开孩子的心结，小徐明显有点不服气，看着他聚精会神地玩着游戏机，小徐突然灵机一动，想到了一个新的话题——游戏机。于是，本身也是游戏机发烧友的小徐开始和小乘客聊起了关于"游戏"的话题，从最新的游戏到各类通关心得，一大一小两个孩子渐渐熟络了起来。慢慢地，小乘客的话匣子被打开了。

原来，小乘客的爸爸妈妈长期工作繁忙，基本上没什么时间可以照顾到他，每年的节假日，爸爸妈妈都只能将他托付给在厦门的干妈照顾。从谈话中，小徐还了解到，原来20日竟是小乘客12岁的生日，他已经12岁了，而家人却还一直以为他只是11岁，并且，在他最希望得到快乐的时候，家人都无法陪伴在他身边。

听到这，小徐再也坐不住了，他马上到外面柜台，将小乘客的故事告诉了现场的工作人员，并号召大家一起帮小乘客做点能给他带来快乐的事情，那就是，给小乘客补办一个生日Party。于是，现场沸腾了起来，大家翻箱倒柜，把各自收藏已久的好吃的、好喝的东西都拿了出来，当天的值班主任还特地申请了一架小飞模，作为赠送给小乘客的生日礼物。

现场的Party虽然简单却充满温馨气氛，小乘客在大家的祝福中不禁流下了开心的泪水。

临登机前，小乘客望着小徐说："哥哥，我问了，说无人陪伴只能办到 12 岁，可明年我 13 岁了，还想办无人陪伴，成不？"小徐看着小乘客天真的眼神，坚定地说了一声："行！"

（资料来源：中国民航新闻网）

（四）其他个体因素

影响旅客社会知觉的主观因素，除以上几个方面外，还包括人口统计方面的因素。例如，收入、年龄、性别、职业、家庭结构、国籍、民族和种族、信仰、心境等。其中，年龄、职业、收入、性别等因素对旅客社会知觉的影响较大。

### 三、旅客对民航企业与服务人员的知觉偏差

阅读材料 2-7：

祝你平安

今天飞机上的旅客很多，我在迎客时观察着每位旅客的神色，并与他们一一打招呼，因为我明白，一个好的客舱服务必须从迎客开始。突然，我被一个光头的五六岁的时髦小女孩吸引了。她被妈妈抱上飞机，爸爸提着很大的箱子跟在后面。我引导他们入座，逗着小女孩。小女孩大大的脑袋，雪白的皮肤，很漂亮。奇怪！为何一个有着如此可爱孩子的幸福家庭，从这对夫妻眼神里传出的却是无奈与疲惫？带着疑惑，我开始了这段飞行。

在服务中，小女孩的家长没有给她吃任何东西，服务工作结束后，小女孩的妈妈让我为她女儿热一包不知名的中药，瞬间我好像意识到了什么。我再次看看小女孩——光头、雪白，莫非？虽然有疑问，但我却不好开口，拿好药，我到厨房把它放在热水中浸热。正在此时，小女孩被妈妈抱着来上厕所。小女孩从厕所出来后，妈妈把她交给我暂时照看，因为妈妈也要上厕所。我欣然答应。我让小女孩坐在我腿上，微笑着试探性地问："小妹妹，你生病了吧？""是啊！我已经很久没回家了，我住在上海的大医院里，我很想家，所以妈妈爸爸带我回家看奶奶，不过，我头发都

掉光了……"她停了几秒钟,眨眨眼睛问我:"姐姐,你怎么知道我生病啦?姐姐,我跳舞给你看吧?我会跳舞。"我只觉得心里一酸,忍着眼泪对她说:"姐姐看到你要吃药,所以知道。你光头很可爱啊!"我掏出一直放在口袋里的"护身符"——飞航班,我身边一直放着妈妈从庙里为我求的"护身符",把它戴在了小女孩手上:"姐姐把它送给你,它会保佑你身体健康的!"小女孩很开心,她手舞足蹈地把它拿给刚从厕所出来的妈妈看:"妈妈、妈妈,这是姐姐送我的'护身符'!"妈妈感激地看着我,想说些什么,但许久,却只能说出"谢谢"两个字。我摇摇头示意不用谢。我们一起看着快乐的小女孩,我在心中说着一句话:"祝你平安,平安长大!"

(材料来源:于亚婷,《东航通讯》,2005年7月13日)

在社会知觉过程中,由于受知觉对象的复杂性、知觉者主观性及知觉者加工信息能力的有限性等因素的影响,人们在知觉他人或自己时不可避免地会产生偏差。这些偏差包括以下几种。

(一)第一印象

1. 什么是第一印象

在人际交往中,或者是平时在对某一事物的接触过程中,人们对交往对象或所接触的事物产生的最初印象就是第一印象。这种印象,往往不但直接左右着人们对交往对象或者所接触的事物的评价,而且还在很大程度上决定着双方关系的好坏,或者人们对于某一事物的接受态度。

第一印象甚至往往会决定一切。所以,有人据此将"首轮效应"称为第一印象效应,并进而将"首轮效应"理论直接叫作"第一印象决定论"。

所谓第一印象,实际上往往可以与人们的第一眼印象画上等号。人们平日对于某人、某物、某事所产生的第一印象,大都是在看到或听到对方之后的一刹那间形成的。心理学实验证明,人们在接触某人、某物、某事之时,大都会产生第一眼印象。而这种瞬间所形成的第一眼印象,通常只需要30秒钟左右的时间。对于不少人而言,他们对于某人、某物、某事的第一印象的形成,甚至只需要3秒钟左右的时间。在他们那里,第一印象与第一眼印象,的的确确是完全一致的。

事实上，人们多多少少都有过这样的经验，自己对某人、某物、某事的看法和评价，往往是自己与对方初次接触时所产生的一种感觉。这种"跟着感觉走"的第一印象，其实未必百分之百的全面、客观、正确，但是它在人际交往中的客观存在与实际作用，却是服务行业必须承认并应充分重视的。

第一印象的非理性特征表现在，人们对于某人、某物、某事所产生的第一印象一旦形成，通常是难以逆转的。简而言之，就是第一印象形成之后，往往会使人们产生某种心理定式。

人们对某人、某物、某事的第一印象假如比较好的话，那么对于此后与之交往、接触中所感知到的某些负面因素，往往也会不甚介意，有时甚至还会完全将其忽略。也就是说，即使后来的了解与认识同第一印象存在着一定的距离，人们通常也会自觉或不自觉地服从于自己的第一印象。

如果一个人不喜欢另外一个人，对他的第一印象欠佳的话，那么不管那个人后来的实际表现如何，要想颠覆第一印象的话，恐怕一时半会儿是难以实现的。

实践表明，人们的第一印象基本上都是比较准确、可靠的。第一印象形成之后，要想再去改变它，通常不仅非常麻烦，而且搞不好还会弄巧成拙，适得其反。所以服务行业的从业人员都必须意识到，重要的是要努力留给外界自己良好的第一印象。相对来说，它肯定比不佳的第一印象形成后再去采取补救性措施要容易得多。

2. 如何塑造良好的第一印象

（1）态度

要想产生好印象，必须要有正确的态度。把积极乐观的态度传递出去，就会立即得到同样积极的回应。一个容易令人接受的表情或几句恰当的话语都能表达这种态度。怀着热情走进任何场合都能得到最佳的回应。简单地说，一分耕耘，一分收获。

抛开外界的干扰并一心扑在旅客身上是一种能力，需要不断练习才能获得。当旅客向你走来时，如果你抬起头并露出真诚的微笑，就会轻易赢得一个好印象。你首先要喜欢见到旅客，其次要享受你的工作，这两点会把你的信心推向新的高度。第一印象是否完美，其衡量标准为人们对你所做出的回应。进一步说,你要对这些回应做出迅速的判断并消化吸收。这样,你才能确认是否应该让这个印象在旅客心中保持下去。

(2) 姿势

态度和姿势之间是有联系的。在形容正确的姿势时我们经常会使用"优美"和"高雅"这样的词汇。不良的姿势不仅会引起健康问题,而且会传递出一种拒人于千里之外的感觉。如果旅客与你交流时面向别处或者背朝着你,那么这个人就非常不易接近,而且你也很难在他心中留下良好的印象(外交礼节除外)。以一个优雅的姿态面向旅客,这表示你很愿意随时提供服务。此外,走向旅客的方式也会影响他们对你的第一印象。

(3) 口头表达

良好的第一印象可以通过视觉形成,但也能在你一开口说话时就被轻易毁掉。旅客不仅仅听到你说了些什么,他们还看到了你的牙齿和笑容。一定要确保这两者都处于良好的状态。一旦开口说话,就应该把"音量"调节到最佳状态,有些人对那种能让整个大厅的人都听到的说话方式感到窘迫;如果说话太轻柔,像是被吓坏了一样,同样会遭人反感。什么样的说话方式能给人留下不错的印象呢?至少要做到四个"c",即 control(控制)、clarity(清楚)、caring(关心)、cheerfulness(愉快)。

图 2-8 优雅的姿势

留意一下别人说话时给你的感觉,不光是用词方面,还要注意对方的举止。小心翼翼地选择词汇,同时注意音量和语气,这样可令你在人际交往中显得更为专业且容易给对方留下更好的印象。

(4) 非口头表达

亲切的目光、正确的态度、优雅的姿势、随机应变的能力和友好的形象会立即博得人们的赞许。这些都是感性层面的东西,难以从逻辑上解释清楚。手势、身体语言和面部表情都能迅速在人们的潜意识里留下印象。

第一次见面打招呼的方式不应仅仅局限于语言，无言的表达也能给旅客留下良好印象。即使遭到"突然袭击"，你的真诚、趣味及活力也可以传递出去。这些都是令旅客感到轻松和受到欢迎的因素。完美的服务不是刻意地在脸上挤出笑容，也不是仅仅因为旅客需要才做出某种姿态，矫揉造作是很容易被旅客拆穿的。

（5）个人形象

无论对普通服务人员还是对管理人员来说，注重个人形象都是职业素质的重要环节。服务人员工作时的着装是其职业素质的第一标志，也是最明显的标志。实际上，不管是否身着制服，也不管是否在工作岗位上，专业的服务工作者总是穿着得体，表现出充分的自尊。穿着打扮得体和注意个人卫生不仅能够表现出正确的工作态度，而且可以使我们变得更加自信。讲究个人卫生对所有服务人员来说都是最起码的要求。

图 2—9　微笑训练

（6）胸卡

胸卡是服务人员身份的标志，其重要程度可想而知。如果不慎丢失，千万不要用别人的胸卡来代替。在某些紧急情况或特殊情况下，乘客需要通过胸卡上的姓名对相关人员的身份进行鉴别，每个人都佩戴自己的胸卡是很有必要的，这样会避免一些麻烦。

（7）微笑

微笑始终是每个人身上最宝贵的财富。微笑不仅表现出真诚、热情和关心，而且其本身就是一种积极的态度。在面对旅客时，不要吝啬我们的微笑。它能够让旅客确信自己做出了明智的选择，而且可以鼓励他们在不久的将来再次光顾。

记住：第一印象是持久的印象！

**阅读材料2—8：**

<h3 style="text-align:center">给你的角色定位</h3>

当一个年轻的航空服务工作者走进航空公司的那一天，就应该非常明确自己是干什么来了。在家里，你是父母的掌上明珠，是父母的心肝宝贝，走进空中乘务员的队伍，你需要转换自己的角色，将热情和才智投入你经过反复斟酌而毅然选择的职业，并为此不断努力。

航空公司的服务理念是"追求旅客满意最大化"，作为一名乘务人员，面对不同的服务对象，你应该按照旅客的需求不断变换自己的角色：对于老人、孩子、病人等弱势群体，你应该充当亲人、医生和护士的角色，给予无微不至的爱与关怀和训练有素的照看与护理，让他们体验亲情和温暖；对于年轻人及第一次乘机的旅客，你就是一位真诚的朋友，出色的导游，充分展示你的魅力，让他们体验真挚的友情，享受愉悦的旅程；对于乘坐头等舱、公务舱的要客，你应该是顶尖儿的秘书，温顺的护理员，精干的公关小姐，尽可能地发挥你的才华，尽可能地运用你的智商、情商，让旅客感受我们的文化、我们的品位。总之，对不同的旅客，需要不同的角色定位。能找准你的位置，将你的角色发挥到最好、发挥到极致，你就是成功的、当之无愧的、最出色的空中服务员。你将成为公司的掌上明珠，成为企业的宝贝。

（材料来源：王丽娟，《中国民航报》，2003年11月12日）

（二）晕轮效应

晕轮效应，又称为光环效应，指一个人的某种品质，或一个物品的某种特性给人以非常好的印象。在这种印象的影响下，人们对这个人的其他品质，或这个物品的其他特性也会给予较好的评价。这种爱屋及乌的强烈知觉，就像月晕的光环一样，向周围弥漫、扩散，所以人们就形象地称这一心理效应为光环效应。例如，在购买点心时，如果点心包装的样式和色彩很漂亮，就会使人认为点心的味道也会很好。

正因为如此，如果旅客对某家航空公司的机上服务特别满意，形成了良好的印象，那么，其他某些不足或令人不快的方面，如飞机起飞时间延误、服务设施陈旧落后、机上配餐不合口味等，就容易被旅客忽视，不会令其产生不快。这就是民航服务知觉中的晕轮效应。航空公司要重视自身的每一个工作环节，特别是对旅客的利益与需求有重要影响的环节，努力保证其服务质量与服务效果。

（三）刻板效应

刻板效应，又称定型效应，是指在过去经验的基础上，根据有限的信息，对某一群体得出一种共同的、固定的和笼统的结论与印象。

刻板印象是经过两条途径形成的：其一是直接与某些人或某个群体接触，然后将这些人或群体的某些人格特点加以概括化和固定化；其二是依据间接的资料形成，即通过他人的介绍、大众传播媒介的描述而获得。在现实生活中，多数刻板效应是通过后一条途径形成的。

刻板效应对人们的社会知觉会产生积极和消极两方面的影响。从积极的方面来看，刻板效应本身包含了一定的合理的、真实的成分，或多或少地反映了知觉对象的若干实际状况，因此，刻板效应有助于简化人们的认知过程，为人们迅速适应社会生活环境提供一定的便利。从消极的方面来看，由于刻板效应一经形成便具有较高的稳定性，很难随现实的变化而发生变化，因此，它往往会阻碍人们接受新事物。刻板效应易导致成见。

在民航服务过程中，旅客与服务人员彼此之间的知觉，有时也会受到刻板效应的影响。例如，人们一般认为，商人大多较为精明，知识分子一般文质彬彬，女性温柔体贴，北方人比较粗犷豁达，南方人比较灵活细腻……美国人民主、乐观，日本人善于模仿、尚武，德国人勤奋、呆板……这些相似的人格特点概括地反映到人们的知觉中，在服务过程中也会有所体现。

民航服务人员在工作中应避免以偏概全，固守已有的偏见与传统；应不受旅客身份、地位、着装、性别、口音等因素的影响，以客观、公正、热情的态度对待每一位旅客。

**思考与练习：**

1. 在服务交往过程中，影响旅客知觉的主观因素有哪些？联系实际，谈谈你对此问题的看法。

2. 作为一名民航服务人员，需要通过哪些方面，给旅客留下一个良好的知觉印象？

3. 知觉的选择性与理解性特点是什么？它们对民航服务有哪些影响？

# 项目二　民航人员管理民航服务与需要

## 任务一　需要层次理论

**项目导读：**

心理学的研究表明：人们对客观事物的认识和态度，总是以某种事物是否能够满足人们的需要为中介。研究民航服务的需要，有助于民航服务人员有效地了解旅客的心理，把握好服务的尺度，从而提高服务质量和工作效率。

**学习目标：**

1. 了解需要的概念及特征。
2. 掌握马斯洛的需要层次理论。
3. 了解民航旅客的各种需要。
4. 了解特殊旅客的民航服务需要。

民航服务的本质，就是要满足旅客的需要，只有把握好旅客的所想所需，我们才能够有长足的进步，才能为航空公司赢得良好的声誉，从而提高航空公司在市场中的竞争力。

## 一、需要的概念

需要是个体感到某种缺乏而力求获得满足的心理倾向，它是个体自身和外部生活条件的要求在头脑中的反映。它常以一种"缺乏感"体验着，以意向、愿望的形式表现出来，最终成为推动人进行活动的动机。需要总是指向某种东西、条件或活动的结果等，具有周期性，并随着满足需要的具体内容和方式的改变而不断变化。

缺乏状态是需要产生的原因，是由于缺乏状态需要得到平衡，进而有获取缺乏之物的需求。但是，需要不是平衡过程本身和获取本身，而是这个平衡的倾向和获取的倾向，需要是作为某种倾向出现的。

## 二、需要的特征

### （一）需要的对象性

需要总是指向某种具体的事物。例如，人们对食物的需要，对情感的需要，等等，都是以实物形式或空间形式来实现的。

### （二）需要的紧迫性

当人产生某种需要的时候，往往希望能够快速地满足这种需求，因此就会变得紧张。例如，经常乘坐飞机出差的商务旅客，由于长期睡眠不足或是工作任务繁重，一上飞机就会好好睡上一觉来弥补自己的睡眠。这就是紧迫性的体现。

### （三）需要的周期性

人的需要具有一定的周期性。一些需要在得到满足后，在一定的时期内不会出现，但是随着时间的推移，它们可能会重新出现，表现出一定的周期性。例如，当人们口渴的时候，会对水产生强烈的欲望，但是喝了足够的水以后，这种欲望就会消失；经过一段时间以后，由于再次口渴又会对水产生强烈的欲望。

### （四）需要的层次性

消费者的需要可以划分为高低不同的层次。随着社会的进步，生产力的发展，当低层次的需要得到满足以后，人们会转而追求高层次的需要。例如，当人们解决了温饱问题，实现了小康之后，就会转向对精神文化的追求和享受，这是一个从低到高的过程。

（五）需要的发展性

人的需要是永远不会完全得到满足的，是一个由低级到高级，由物质到精神，由简单到复杂的不断发展的过程。这一方面是因为存在的需要永远不会被满足，另一方面是一种需要在得到满足后，又会激活新的需要。如此循环往复，构成人的连续不断的活动过程。一旦人的需要终止了，其一切活动也就停止了。

（六）需要的多样性

旅客需要具有多样性。首先，旅客本身的差异造成旅客对消费对象的需要千差万别；其次，同一旅客对消费对象的需要是多元化的；最后，同一旅客对同一消费对象有多样性的要求。

### 三、需求层次理论

美国著名的人本主义心理学家马斯洛提出的"需求层次理论"对研究人的需求影响深远。他指出人有一系列复杂的需求，按其优先次序可以排成梯式的层次，其中包括四点基本假设：

第一，已经满足的需求，不再是激励因素。人们总是在力图满足某种需求，一旦这种需求得到满足，就会有另一种需要取而代之。

第二，大多数人的需求结构很复杂，无论何时都有许多需求影响行为。

第三，只有在较低层次的需求得到满足之后，较高层次的需求才会有足够的活力驱动行为。

第四，满足较高层次需求的途径多于满足较低层次需求的途径。

马斯洛需求层次理论把需求分成生理需求、安全需求、社交需求、尊重需求和自我实现需求五类，依次由较低层次向较高层次发展。

（一）生理需求

对食物、水、空气和住房等需求都是生理需求，这类需求的级别最低，人们在转向较高层次的需求之前，总是尽力满足这类需求。一个人在饥饿时不会对其他任何事物感兴趣，他的主要行动是获得食物。所以，在机场、车站或飞机客舱的服务中，民航服务人员都应该提供足够的水或食

物，首先满足旅客的生理需求。

（二）安全需求

安全需求包括对人身安全、生活稳定以及免遭痛苦、威胁或疾病等的需求。和生理需求一样，在安全需求得到满足之前，人们唯一关心的就是这种需求。首先是生活、工作环境要安全；其次是生活的秩序要稳定，政局要稳定，人们能够安居乐业；最后需要和谐的人际关系及社会环境，人们能够和睦相处。

安全需求在民航服务中也体现得非常明显，例如，旅客乘机时会非常在意航班的飞行安全；在选择旅游目的地时，通常会选择社会声誉好、政治稳定、没有战火硝烟的地方作为旅游目的地。这些实际上都是出于安全需求的考虑。

（三）社交需求

社交需求包括对友谊、爱情以及亲情的需求。当生理需求和安全需求得到满足后，社交需求就会突显出来，进而产生激励作用。在马斯洛需求层次中，这一层次是与前两层次截然不同的另一层次。这些需求如果得不到满足，旅客就会感受不到服务的温暖。对于民航服务人员来说，则会影响服务人员的精神状态，导致高缺勤率、低生产率及对工作不满、情绪低落等。我们必须意识到，当社交需求成为主要的激励源时，工作被人们视为寻找和建立温馨和谐人际关系的机会，能够提供同事间社会交往机会的职业就会受到重视。

（四）尊重需求

尊重需求既包括对成就或自我价值的个人感觉，也包括他人对自己的认可与尊重。有尊重需求的人希望别人按照他们的实际形象来接受他们，并认为他们有能力，能胜任工作。他们关心的是成就、名声、地位和晋升机会。这些是由于别人认识到他们的才能而得到的。当他们得到这些时，不仅赢得了人们的尊重，同时其内心因为对自己价值的满足而充满自信。如果不能满足这类需求，就会使他们感到沮丧。如果别人给予的荣誉不是根据其真才实学，而是徒有虚名，也会对他们的心理构成威胁。

（五）自我实现需求

自我实现需求的目标是自我实现，或是发挥潜能。达到自我实现境界的人，接受自己，也接受他人。解决问题能力增强，自觉性提高，善于独立处理事务，要求不受打扰地独处。马斯洛还指出，自我实现者是实现"完美人生"的人，即实现了有爱、合作、求知、创造等的人，这是一种永恒的爱。

参考马斯洛的需要层次理论，同时结合民航服务工作中航空旅客的不同需要，把握好旅客需要的特点，才能努力做好民航服务工作。

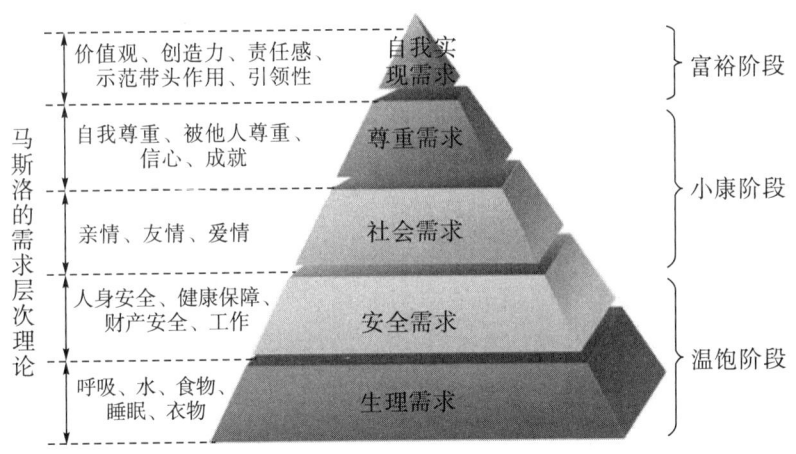

图 2-10　马斯洛需求层次理论

## 任务二　需要与民航服务

民航旅客的服务需要是人的一般需要在消费过程中的一种反映。民航服务人员的工作性质就决定了他们必须了解旅客的各种需要。

### 一、旅客对餐食的需要

俗话说"民以食为天"，解决温饱问题是人们首先关注的问题，其次人们会关注餐食的质量好坏，民航旅客也不例外，他们甚至对航空餐食的要求更高。许多旅客对航班上所供餐食的种类、口味的期望值较高，包括饮料的种类是否齐全，饭菜是否卫生，味道是否可口。特别是对于长途飞行的旅客来说，餐饮服务是其旅途中的重要组成部分。

阅读材料 2—9：

## 只要旅客喜欢，我们就要做到最好

作为厦门航空有限公司（XiaMen Airlines，简称"厦航"）重要的航班保障单位之一，配餐部在2009年的餐食服务上不断推陈出新，全年旅客满意率节节攀高。从对机上旅客问卷回收的调查统计中，第四季度旅客对餐食和卫生状况等测评的满意度显示为95.96%，比第三季度上升3.35%。

厦航配餐部自近两年陆续推出铁观音茶餐、四季养生餐和粗粮餐等健康概念与闽南饮食文化相结合的特色餐食以来，机上餐食普遍受到旅客的认同和欢迎。2009年，为不断完善航班餐食，厦航配餐部总经理表示："只要旅客喜欢，我们就要做到最好。"为此配餐部全体员工付出了不懈的努力，在保证原餐食质量的基础上又推出了新的主题：四季养生餐。配餐部多次组织中西餐厨师多渠道查找新餐谱制作的相关资料，经过反复思考、市场调查、价格评估、质量审核后，终于敲定了四个季度旅客餐食的配餐主题：一季度"花餐"、二季度"水果餐"、三季度"菌菇餐"、四季度"黑色食品餐"。四季航餐一经推出，立刻引来了社会的广泛好评。

（材料来源：民航资源网，2010年2月8日）

阅读材料 2—10：

## 优质快捷的航空餐食

2009年11月11日10点50分，大连航空食品有限公司（简称"大连航食公司"）接到中国南方航空股份有限公司（China Southern Airlines Company Limited，简称"南航"）95539客服电话转来的一个特殊点餐订单：一名头等舱旅客要求航空公司提供一份价值100元的航空餐食，但是该旅客并没有再提供任何关于餐食的要求和其他信息，此时距离旅客所乘坐的CZ6522航班起飞只有1个小时40分钟。如何在不影响航班正常起飞的前提下，制作一份适合旅客口味的高端餐食呢？

大连航食公司面对这份特殊订单，初步分析这名旅客可能是一名大连籍的老顾客，因此迅速制定了一套具有大连地方特色、符合大连饮食习惯的餐谱：大连特色的家焖大黄鱼、东北风味的排骨炖酸菜、打开食欲的鱼香茄子煲、爽口的凉拌西芹和四川泡菜，同时配上水果盘，荤素搭配、特色鲜明。大连航食公司采购部、生产部分工协作，精工细作，仅用时40分钟，就将餐食制作完毕。航机部专门派车进场配送这份餐食，并于11点45分成功将这份特殊餐食交到乘务员手中。从接到95539电话到最后将餐食交到乘务员手中，只用了55分钟。随后大连航食公司通过该航班乘务长了解到，这名旅客对这份餐食十分满意，快速保障高端旅客餐食服务的任务圆满完成！

从上述案例可以看出，快速保障高端旅客餐食对于旅客和航空公司来说都很重要，航食系统生产单位要对高端旅客进行信息跟踪，了解旅客的饮食偏好，把握旅客的出行信息，用高品质的餐食服务留住旅客的胃，留住旅客的心。

（材料来源：民航资源网，2009年1月17日）

## 二、旅客对安全的需要

根据世界运输权威组织机构的数据统计，飞行是最安全的交通方式。但是受传统观念的影响，在人们的印象中，普遍认为汽车和火车比飞机安全，飞机危险系数比较高。因此，许多人在乘坐飞机（尤其是第一次乘坐）时会有不同程度的紧张感和焦虑感。总是希望能够安全快速地到达目的地。所以，天气的变化或机械故障导致航班延迟等情况的发生，会造成旅客较大的情绪波动。此外，由于飞机运输的特殊性，一旦发生问题，旅客的生命财产安全就会受到巨大的威胁，航空公司要不断增强安全意识，加大管理力度，不仅要提高飞行员、机场地勤人员的业务能力和素质，还要加强对空中乘务人员服务技能、安全知识的培训，使他们掌握更多的飞行知识，能够及时有效地解答旅客的问题，从而缓解旅客的紧张和焦虑，满足旅客的安全需要。

图 2-11 空乘人员整理旅客行李

阅读材料 2-11：

## 事故发生最少的十大航空公司

国泰航空公司：位列第十。以香港为基地的国泰航空公司成立于 1946 年，最近的一次事故发生在 1972 年。1972 年以来的几十年中，国泰航空公司的飞机运行了 100 多万次，从来没有发生过事故。国泰航空在 36 个国家有 100 多个目的地，2009 年，国泰航空安全地运送了全球 2500 万名旅客。

葡萄牙航空公司：位列第九。葡萄牙航空公司最近的一次事故发生在 1977 年。在 65 年的飞行生涯中（截至 2009 年），葡萄牙航空公司每周都会有 1600 架飞机运送 30 多个国家的旅客。2009 年，葡萄牙航空公司安全地运送了全球 900 万名旅客。

阿根廷航空公司：位列第八。阿根廷航空公司是该榜单上唯一的南美航空公司。其历史可以追溯到 20 世纪 20 年代。90 年代，该公司差点破产，之后其所有权被政府收走。虽然有如此大的变动，但是阿根廷航空公司在 1970 年后依然没有出过任何飞行事故，只有在 1992 年发生过一次食物污染。

新西兰航空公司：位列第七。新西兰航空公司从 1965 年开始运营，最近的一次事故发生在 1979 年。从那以后，新西兰航空公司在 150 万次的飞行中没有发生过任何事故。新西兰航空公司赢得了消费者的一致好评，每年都会运送1200万名旅客。

爱尔兰航空公司：位列第六。爱尔兰航空公司于1936年建立，是爱尔兰最古老的航空公司。这是一个家较小的航空公司，现在仅有飞往欧洲、非洲和北美的航班。该航空公司仅在1986年发生过一次事故，每年约运送1000万名旅客。

芬兰航空公司：位列第五。芬兰航空公司在50年里没有发生过一次重大的事故（截至2009年）。该航空公司经营着很多从北极飞往亚洲的短途航班，还可到达全球55个目的地，每年运送1000万名旅客。

澳大利亚航空公司：位列第四。除了最近有两架飞机有引擎问题外，澳洲航空公司在90年内都没有事故发生（截至2009年）。澳大利亚航空公司建立于1920年，是世界上最古老的航空公司之一，飞往世界44个国家的182个目的地。

日本全日空航空公司：位列第三。日本全日空航空公司建立于1952年，以准时著称。飞往全世界35个国家，每年运送700万名旅客，1975年以来就再没发生过事故。

加拿大航空公司：位列第二。加拿大航空公司建立于1936年，飞往全球178个地方。加拿大航空公司是世界上较安全的航空公司之一，自1983年以来，仅发生过一次事故。每年会运送3500万名旅客。

英国航空公司：位列第一。英国航空公司成立于1924年。自1976年以来，该公司没有发生过事故。同时，英国航空公司也是世界上最大、最古老的航空公司之一，每年会运送3000万到4000万名旅客。

（材料来源：新华网，2011年6月13日）

### 三、旅客对方便快捷的需要

现代航空运输的三大特点：快速、安全、舒适。为了节省时间，提高工作效率，提高生活质量，越来越多的人选择飞机作为出行的交通工具。飞机必须要保证准时、高效和快捷，否则它的优势将会大打折扣。许多航空公司和机场为了提高服务质量水平，树立良好的品牌形象，从订购机票、到达机场、办理登机手续、候机、登机等诸多管理和服务环节进行改

革和创新,力求满足旅客的出行需要。

阅读材料 2-12:

### 四川航空公司推出的便捷服务

1. 简单易记的服务电话 88888888

2003年8月18日下午,成都市电信局公开拍卖了100个特别电话号码,其中最为特别的"88888888"由四川航空股份有限公司(简称"川航")以233万元的天价购得。川航负责人说,他们将把这个号码设为24小时服务热线,顾客只要打进这个电话,就可以接受航班咨询、订票等一系列服务。事实证明,这个号码可谓深入人心,不但简单易记,而且符合大众群体的传统观念("8"与"发"同音,意为发财、吉祥),许多人都不约而同地选择了川航,使川航在全国的航空运输市场份额大大提升,为川航带来的经济收益远远超过了当时的竞拍价格,其影响力尤其深远。

2. 方便快捷的机场接送服务

四川航空股份有限公司为了提升服务品质,为从成都出发和抵达成都的大部分非团队旅客,提供双流国际机场与成都市区(二环路内)之间的免费接送服务,并公布了接送电话。川航对享受免费车接送的旅客按购票舱位及条件明确如下:(1)购买川航明折明扣舱位F、A、C、J、Y、T、H、M、G、S、L、Q、E舱以及成都—北京航线N舱机票的散客旅客能享受免费车接送服务;(2)川航常旅客免票(O舱机票)享受免费车接送服务。

(材料来源:新华网,2003年8月18日)

### 四、旅客对舒适温馨的需要

旅客出门在外,除了需要满足安全、快速等基本需求外,还希望能享受到温馨与舒适的服务。特别是民航旅客,他们对航空服务普遍寄予较高的期望,希望得到更加人性化的关怀和服务。

阅读材料2-13：

## 法国旅客盛赞东航客舱服务

提到空中服务，人们往往联想到的是温馨、舒适、无微不至的感受；提到空姐，则眼前浮现美丽、端庄、亲切的形象。就在2010年11月2日，中国东方航空股份有限公司云南分公司（昆明至上海）航班乘务组用她们热忱的态度和娴熟的技能将人们的想象表现得淋漓尽致，给中国旅客和国际友人留下了深刻的印象。

在此次航班上，一位来自法国的旅客用中文留给了整个乘务组这样一封表扬卡："我们从法国出发，在中国的三个星期，MU5801是我们所经历的最好的乘务小组。个个带笑脸，服务很好，很合理，讲话很和善。"在飞行过程中，除及时完成了服务规定流程外，她们更是体现出了服务的无微不至：为看书的旅客及时打开阅读灯，为睡觉的旅客轻轻盖上毛毯，等等。认真负责的乘务长更是不断走到客舱中询问旅客的需求，怕旅客长时间乘机感到疲惫，主动与旅客聊天，向旅客介绍他们感兴趣的飞行知识。在这封表扬信的最后，旅客说道："谢谢你们的优质服务，希望别的小组都向你们学习！"并画了五颗五角星，代表了五星服务的意思。执飞MU5801航班的乘务组用实际行动感动了旅客，也为所有乘务员做出了榜样。相信有了她们这样的榜样，东航的服务将会更上一层楼，东航的明天一定会更好！

（材料来自：民航资源网，2010年11月15日）

### 五、旅客对情感的需要

根据服务的定义，我们可以看到服务就是满足别人期望和需求的行动、过程及结果。和有形产品相比，服务最大的特点就是无形。旅客乘坐飞机除了实现位移的功能之外，并没有获得有形的产品，而是留下了一种记忆和体验，而这种情感体验将成为影响他们再次选择的关键因素。这一点对于高端旅客来说更为重要。因此，我们找到了服务与艺术的相通之处，即服务和一切艺术形式一样，其本质是作用于人的情感体验，其最终

作用是给予购买者一种精神享受和审美愉悦。因此我们可以说，服务是一门情感艺术。

首先，要寻找到旅客情感需要的关键点。从民航旅客市场调研机构针对全国24个城市中的25个机场进行的两万多份有效问卷调查的反馈数据来看，目前民航旅客在航空业服务中认为重要而又满意度不高，需要重点改进的环节依次是：行李提取效率（19%）、航班餐食（17%）、座位舒适度（13%）、票价昂贵（12%）、不正常航班的处理（11%）、候机环境（9%）。

其次，巧打感情牌，多从旅客情感出发。例如，在不正常航班处理过程中，精准锁定由于航空公司原因所导致的航班延误的旅客，在其下次乘机时，在地面服务、空中服务和里程奖励方面给予补偿性服务，增加其对航空公司的服务体验。针对行李提取环节，也可以尝试"移情大法"，也就是转移注意力。可以在行李等待环节中加入一些休闲娱乐及健身的元素，比如按摩椅、供儿童玩耍的游乐园、优雅的茶座间等，这样可以大大缓解旅客等待时的焦躁情绪，甚至可能成为旅客流连忘返的体验点。

最后，要持续创新，提供增值服务，营造新的服务惊喜点。高端服务永无止境，没有做不到的，只有想不到的。我们不仅要满足旅客的现有需求，还要不断创新，变被动为主动，找到旅客未被满足的需求点。这种意外惊喜往往能使旅客对服务有更深刻的印象，同时具有区别于竞争对手的独创性，有助于打造差异化高端品牌形象。

阅读材料2-14：

### 飞机上也能打电话上网

2000年底，英国维珍航空公司向由上海飞往伦敦班机的乘客提供了在飞机上打电话的服务。这批乘客也是世界上第一批被允许在飞行途中使用手机进行通话的旅客。

这项最新的空中电话服务技术配备了英国电信开发的机载移动通信系统，这套系统可以让乘客自由地在飞机上拨打手机，其电话费用将自动转入用户的全球通手机账号上。乘客只需在登机后，将其SIM卡放置在飞机上专门提供的手机上,输入注册号,便可自由拨打了。

2005年初,美国波音公司和德国汉莎航空公司宣布联手推出空中无线宽带上网服务,使乘客能在飞机上浏览互联网和收发电子邮件。当年5月17日,从德国慕尼黑飞往美国洛杉矶的汉莎航空公司452航班是世界上第一个向乘客提供实时无线宽带上网的民用商业航班。

虽然欧洲空中客车公司直到2005年9月20日才宣布推出相关服务,但该公司的新技术更进一步,不仅可以无线上网,还能打手机。这个系统号称全球首个客舱"无线网络系统",乘客可以像在地面上一样,自由地在飞机上上网、打手机。

(材料来源:新民晚报·新民网,2007年9月7日)

### 六、旅客对尊重的需要

随着社会的发展,社会文明程度不断提高,人们的自主意识不断加强,民航旅客对受尊重的需要表现得越来越强烈。作为消费者,在消费过程中希望能够获得服务人员的理解和尊重、关心和帮助,最直接的表现方式就是希望民航服务人员为其提供周到、细致的服务和人性的关怀。可以说,服务无小事,从小事到大事,到处都能体现出旅客受尊重的需要。例如,当航班延误时,旅客想得到的是心理上的安慰,想得到航空公司一个合理的解释和妥善的安排。如果航空公司没有派专人来为旅客解决善后事宜,旅客就会认为没有受到应有的尊重,从而引发一些不必要的冲突。

### 七、旅客对自我实现的需要

所谓自我实现的需要,马斯洛认为就是人对于自我发挥和完成的欲望,也就是一种使人的潜能得以充分发挥的倾向。通俗地说,自我实现的需要就是:一个人能够成为什么,他就必须成为什么,他必须忠于自己的本性。同时马斯洛也认为,自我实现的需要就是成长性需要,因为人的各种需要的不断满足和人的不断成长导致了自我实现需要的产生。旅客希望在民航服务中得到自我实现的机会和体验。因此,民航服务人员要尽量为旅客提供温情、多样化的服务,满足旅客对自我实现的需要。

## 八、特殊旅客的服务需要

特殊旅客是指在年龄、身体、地位等方面的情况比较特殊，有别于其他旅客的旅客。正是因为他们的身份特殊，进而也会提出较为特殊的服务需要。根据民航服务中的实际情况，我们对特殊旅客进行了一定的归纳与分类，大致总结出以下几种情况。

### （一）老、弱、病、残旅客的服务需要

人到老年，体力和精力都开始逐渐衰退，生理的变化必然导致心理的变化。老年人在感觉方面比较迟钝，对周围的事物反应比较慢，动作缓慢，应变能力差。老年人由于年龄上的差异与年轻人的思想存在代沟，所以大多表现为心境寂寞，孤独感较强。因此，民航服务人员在为老年旅客服务时要更加细致，与老年旅客讲话时语速要慢、声音要稍大，甚至要不断重复讲话内容。另外还要主动问候和关心，询问他们需要什么帮助，了解他们的内心需要，尽量提供方便，以消除他们的孤独感。

体质弱的旅客由于身体的原因自感不如常人，但是又通常具有很强的自尊心，不愿意要求别人帮助自己。民航服务人员需要既主动关心、鼓励他们，同时又不能使他们有心理压力。

病、残旅客是指在民航服务过程中突发疾病的旅客及有生理缺陷的旅客。这些人有生理上的特殊困难，迫切需要得到别人的帮助。同时他们又有极强的自尊心，总是想表示自己与正常人没有多大的区别，因此，通常不会主动要求服务人员帮忙。面对病、残旅客，民航服务人员要特别尊重他们，最好以默默帮助他们的方式来让他们感到温暖。

阅读材料2—15：

### 以客为尊，倾心服务

中国东方航空股份有限公司（China Eastern Airlines Corporation Limited，简称"东航"）北京分公司从上海世博会前夕至今一直秉承着"以客为尊，倾心服务"的东航服务理念，坚持做到"五心"服务，即真心、用心、爱心、贴心、细心；"四省"服务，即省钱、省心、省力、省

时,急旅客之所急,想旅客之所想。为了让手拄拐杖的老人不再排队,为了让挺着肚子的准妈妈不再等候,为了让病、残旅客有休息之地,为了让带着婴儿的妈妈有喂母乳的地方,他们设立了"爱心柜台"和老弱病残孕等候区,专门为这些旅客提供办理登机、接送、候机等服务。

(材料来源:民航资源网,2011年11月26日)

**阅读材料2-16:**

## 特殊旅客的特殊服务

2006年3月25日国航北京地面服务部中转服务中心迎来了一批特殊的中转旅客,这些旅客绝大部分是第二次世界大战期间援华的美国飞虎队老战士。他们一行180余人,年龄大,腿脚不方便,从美国旧金山乘坐国航的CA986航班经北京再转机前往上海。

面对在北京转机的百余人的特殊旅客团队,国航地面服务部中转服务中心为了保证他们顺利在北京转机,研究制订了特殊的服务保障预案,中心综合业务室、接机室、值机中转柜台密切协作,全力保证这批特殊旅客在京顺利转机。3月15日中午,当值机室查询到CA986航班可能晚点到达北京的信息后,立即启动了预先准备的服务方案。加开了中转值机柜台,准备好了充足的登机牌和行李条;组织专人负责引导,还从国际中转柜台抽调出员工支持国内中转柜台,以加快办理特殊旅客转机的速度。

17:00,中心工作人员了解到美国飞虎队老战士这个团将分为五个小的团队,为了保证各个团队顺利转机,中转综合业务室迅速从离港电脑中提前打印出所有团队中转旅客的详细名单,并把中转旅客名单及时送到中转值机柜台,为迎接该航班的特殊旅客做好充分的准备。由于CA986航班比预计到达时间晚了30分钟,导致这批旅客转机时间十分紧张。为此,中转服务中心综合业务室引导服务员按照飞机预计到达时间,提前来到航班即将停靠的登机口等候旅客的到来……

18:30,晚了近半个小时的CA986航班落地了。18:45,航班终于靠近廊桥,大批美国旅客从登机口缓缓而出。中心值班领导和服务员立即迎上前去对他们进行引导分流。而此时接机的服务人员发现,偌大的团队没有一个领队,而都是手挽手的一对对老年夫妻,这无疑给地服的中转引导服务带来了极大的困难。为了不影响他们顺利转机,中心值班领导决定将"一人引导一个团"的预案临时改为"在不同的区域性站位式的引导服务"。引导服务人员面带微笑用流利的英语和他们进行交流,并引导他们顺利通过边防检查,前往行李厅提取行李。

由于这个团队旅客多,行李又大,导致旅客等待行李时出现拥挤现象,但是在服务人员的耐心引导下,所有的旅客都顺利地取到了行李。

19:05,中转值机柜台迎来了CA986航班的第一位转机客人。服务人员又开始对前来办理转机手续的旅客在柜台进行了第二次分流,引导他们到办理转机手续的三个指定柜台,并迅速为这批特殊旅客办理中转手续。有的服务员帮助他们拴挂行李牌,有的服务员疏导行李车,有的服务员帮助他们搬行李……19:42,近200名中转旅客已全部办理完了转机手续,并由中转中心的服务人员引导分批次前往登机口。20:02,所有的转机旅客通过安检。在旅客通过安检的时候,有个满头银发坐着轮椅的老人由于身患癌症,旅途中随时需要喝水,她要求将装有自备饮用水的小件行李随身携带,但是由于语言交流上的障碍,安检人员没有明白老人的意思,老人和她的女儿非常焦急,这时地服中转的服务员及时赶来,用英语和老人的女儿交流,并将情况向安检人员进行说明,安检人员经过检查同意放行,老人高兴地向服务员竖起了大拇指。

20:06,这批特殊的旅客都到达了登机口,顺利地登上了飞往上海的CA1589航班。在登机口,有一位坐在轮椅上的美国飞虎队的退伍老兵向服务员讲述了自己帽子上勋章的来历,同时称赞说:"你们的工作做得太好了,非常感谢你们!"

20:59,国航CA1589航班顺利离地,飞往这批特殊旅客的目的地:上海。

(材料来源:中国民航新闻信息网,2006年3月26日)

(二)儿童旅客的服务需要

儿童旅客的基本特点是:性格开朗活泼,天真幼稚,好奇心强,善于模仿,判断能力较差,做事往往情绪化,不计后果。

针对儿童的这些特点,民航服务人员在为他们服务时,就要有耐心、爱心、细心和责任心,提供儿童比较感兴趣的食物或玩具来吸引他们的注意力,尤其要防止一些不安全事件的发生。例如,要密切注意活泼好动的小旅客不能让他们乱摸乱碰飞机上的设施;航班起飞或者是降落时要防止小旅客四处跑动,以免造成人身伤害;等等。现在越来越多的航空公司推出了"航空快递儿童"的服务,对于这些无人陪伴儿童,航空公司要根据旅客运输协议,安排专人来负责照看,以防意外。

阅读材料 2—17:

## 空中儿童乐园

现在乘坐南方航空公司(简称"南航")班机的儿童旅客越来越多,人们发现,南航对儿童旅客的空中服务富有特色,空乘人员针对儿童旅客"爱动、爱问、爱玩"的特点,在服务中体现出无微不至的"亲情服务"。

图 2—12 南方航空公司的客机

儿童乘坐南航航班,在机上有好听好看又好玩的。南航波音 777 客机上,有 11 个可供视听的音像频道,其中专门有儿歌、动画片放送,小朋友们戴上专门配发的耳机,调节扶手上的按钮,就可在彩色小电视前尽情欣赏。南航还赠送给每一位儿童旅客一套"小小旅行家"系列礼品,包括益智玩具、读物、文具等,这是请专业公司开发设计的最新儿童礼品,分学龄前和学龄期两种,既适合儿童智力、心理特点,又体现航空特色,不但可供儿童在旅途中娱乐,也有助于其心智发展。

儿童餐食品种多样,营养丰富。婴儿可选择米糊、亨氏米粉、各种粥糊、蛋糕。两岁以上的儿童，不仅可选择汉堡包、意粉、热狗包、火腿、薯条、巧克力、果冻等，还可在多款饮料中任意选择，其中，不同口味的营养果汁，有苹果汁、橘子汁、番茄汁等。

乘务员在航班中对儿童旅客细心照顾，在服务程序上进行灵活调整，提前为儿童送水、送餐，并针对儿童旅客登机后不能尽快熟悉客舱环境和"爱动、爱问、爱玩"的心理特点，帮助儿童安全使用娱乐设备，耐心地向他们讲解相关的航空知识，在服务中体现出"爱心""细心"和"耐心"的"亲情服务"。尤其是对无人陪伴的儿童，乘务组指定专人负责特殊服务，使儿童在没有家长在身边的情况下，一路开心。

（材料来源：张纳新、李德堂，《人民日报·海外版》，2000年9月4日）

（三）初次乘机旅客的服务需要

对于初次乘机的旅客来说，他们的心理特点主要是好奇和紧张。初次乘机者对飞机上或机场内的设施设备和环境都十分感兴趣，并带着一种好奇心去探索这一切。

为满足初次乘机旅客的新奇感，减少乘机时的紧张感，民航服务人员要主动为他们介绍航班情况、机场概况以及服务内容。首先，初次乘机的旅客普遍缺少乘机知识，空中乘务员要主动、耐心地介绍飞机情况，态度要谦和，不要指责或嘲笑他们，避免旅客出现不必要的内疚和尴尬。其次，对于第一次乘坐飞机的旅客来说，通常内心比较紧张和忧虑，对飞机这种快速便捷的交通工具的安全性能不是特别放心，民航服务人员要针对这种心理，在旅客登机前或飞行中与他们进行亲切的交谈，以分散他们的注意力，从而缓解其紧张的心情，让旅客感到乘坐飞机是安全舒适的。

（四）重要旅客的服务需要

重要旅客常被称为VIP（全称：Very Important Person），意为"重要人物或贵宾"。通常来说，重要旅客有着一定的身份和地位。这种类型的旅客具有比较典型的心理特点：自尊心和自我意识强烈。他们希望得到尊重和配合，更注重环境的舒适度和享受服务时的内心感受；此外，由于经常乘坐飞机，他们还会有意无意地对飞机上的服务做对比。

民航服务人员在为重要旅客服务时，要注意态度热情谦和、言语亲切得体、体态优美自然，针对他们的心理需求采取相应的服务方式。例如，机场要客服务部门接到有重要旅客的通知后，应事先准备好贵宾休息室，并备妥供应物品；机场值机柜台应优先为重要旅客办理乘机、行李交运、联运等手续；配餐部门应根据重要旅客特殊服务的要求，配备餐食和供应品，要保证食品新鲜、美味、可口；乘务员要热情引导重要旅客入座并为其保管好衣帽等物品，同时加强客舱巡视，根据每位重要旅客的情况，主动周到地做好机上服务工作，以便及时满足重要旅客的服务要求。

（五）国际旅客的服务需要

对于民航服务人员来说，与旅客的交流与沟通是民航服务的主要内容之一。随着我国对外开放的程度越来越深，越来越多的来自不同国家或地区的旅客到中国来参观、旅游或工作，其语言、文化、习俗等与我们有较大差别，这就需要民航服务人员具备不同文化之间沟通交流的能力。尤其是当前我国航空运输业市场正在不断开放，国外具有竞争实力的航空公司已经进入中国市场参与竞争，而服务质量的优劣将直接影响顾客的满意程度，影响到顾客再次消费的去留。

**阅读材料 2-18：**

## 提升空中乘务员沟通交流基本能力

空中乘务是一个需要和不同人群广泛接触的服务工作，是各航空公司及整个民航运输的窗口。随着我国民航事业的不断发展，国家改革开放的不断深入，越来越多的国际旅客来到中国，这使得各航空公司对乘务人员的英语水平，特别是对乘务人员的英语听说能力要求日益提高。地道的发音，清楚的表达，以及如何对乘客的要求做出语言上适当的回应，是空乘英语能力方面的重点。空中乘务这一服务职业的特点，要求从事这一职业的人员具有与不同人群良好交流的能力，而英语作为在世界范围内应用最广泛的语言，成为空乘人员必须熟练掌握的工作语言之一。因此，要想提高与国际乘客的沟通交流效果，准确把握国际乘客服务需求，空中乘务员必须提高英语听力和口语能力。

提高沟通交流中的耐心。耐心是乘务员在工作中化解矛盾的一种重要

素质的体现。优质服务是服务人员、服务对象和服务内容三元素所共同营造的和谐统一的境界。在服务的三元素中，最难把握的就是服务对象，即旅客的情绪和举动。国际旅客可能由于语言不通、文化差异造成沟通效率下降等问题，导致其往往容易产生焦躁情绪。

要使国际旅客在旅程中愉快、自然地配合乘务员的工作，需要乘务员不厌其烦地关注和满足旅客的合理需求，及时化解出现的问题和矛盾，努力营造一种积极解决问题的氛围感染旅客。尤其是在航班飞行不正常、旅客情绪激动的情况下，更需要乘务员以极大的耐心来安慰或感动旅客。

（材料来源：民航资源网，2011年4月29日）

**阅读材料2—19：**

### 注重把握国际旅客客舱服务中的非言语交际问题

北京市某领导要求有关人员做好2008年奥运接待工作时说："语言不通不要紧，要想办法用视觉代替听觉，让各国运动员感受到中国人民的友好情谊。"这个"视觉"就是指非言语交际。人们乘坐飞机时，总会感受到乘务员提供的温馨服务。乘务员给旅客提供各种优质服务的过程就是乘务员与旅客进行交际的过程。交际的方式包括言语交际和非言语交际。由于文化背景不同及习俗的差异，针对国际旅客的客舱服务中还应把握好不同文化间非言语交际的有关问题。

把握不同文化背景下相同非言语交际方式的差异。由于飞机上的乘客来自不同地区，他们各自都有不同的文化背景。在不同文化背景下非言语交际方式既有相同性又有差异性。了解不同文化背景下相同非言语交际方式的差异，对于避免文化冲突，提高跨文化交际能力具有重大意义。

了解不同文化背景下表达相同意义的不同表达方式。不同文化背景下的人们由于宗教信仰、民族习惯等原因，他们在进行非言语交际的时候即使表达相同的意思，其表达方式也各有不同。例如，东方人相互交谈时一般不直视对方，并还因交际双方年龄、地位、性别等因素交谈姿态有所差异，而西方人则希望对方目视自己以示尊敬；还有，在中国文化中点头表示肯定，而有些国家的文化中点头表示"NO"，等等。客舱服务中的对象千变万化，乘务员应根据不同服务对象适时调整非言语交际方式，让不同文化背景下的乘客都能体验到温馨的服务，并正确掌握国际乘客通过非言语交际所想表达的意愿。

客舱非言语交际中应注意的细节。客舱乘务员在客舱服务中的每个环节都显现于乘客中，他们的一言一行都会向乘客发出某种信号，从而影响乘客的情绪，引起乘客的猜测。因此，客舱乘务员在客舱进行非言语交际时应注意每个动作的细节，避免因旅客的文化背景不同而产生误会，引起冲突。

要想有效地把握国际旅客的客舱服务需求，空乘服务人员必须能够与旅客进行有效沟通。沟通交流主要由言语交际和非言语交际两大部分组成，因此空乘人员必须提高英语听力和口语能力，并注重不同文化沟通交流中非语言交际方面的问题，才能准确地把握旅客需求，提高服务针对性和服务效果。

（材料来源：民航资源网，2011年4月29日）

（六）爱挑剔的旅客的服务需要

俗话说："人上一百，形形色色。"民航服务人员经常会遇上一些比较挑剔的旅客，如果不能正确地了解旅客的需要，就会给自身的服务工作带来困难。爱挑剔的旅客中有些人为人精明、办事老练，时常用自己的处世哲学去衡量服务人员的所作所为。在服务过程中，这些人常常表现出与服务人员对着干的姿态，好胜心又极强。这些旅客的种种表现自然地会引起其他一些旅客的注意，从而使不少旅客"人云亦云"起来。

其实"只有不到位的服务，没有挑剔的旅客"，如果出现旅客挑剔无非就是两种情况：一是个别旅客故意而为，二是由于服务出现问题，旅客感到不满所引起的。但从目前的情况来看，绝大多数的挑剔问题都出于第二种情况。如何让服务更到位，如何让旅客不挑剔？那就需要民航服务人员在每天的日常工作中用挑剔的眼光来看待服务，不断总结经验，吸取教训。每位旅客都希望能够来得舒心，走得满意，希望能够被尊重和关怀。首先，微笑服务，主动问候，能够让旅客感到被尊重。其次，专注聆听，耐心解释。第一次乘机的旅客，对飞机或机场环境不熟悉的旅客可能会向

民航服务人员提出问题咨询，耐心地解释能够使旅客感到亲切，使服务更贴切。第三，关注细节，细心帮助，主动向行李多的旅客伸出热情之手，多关注旅客的情绪，做出适当的服务……这些举手之劳虽然微不足道，却解了旅客的燃眉之急。

我们要看到的不能只有旅客的称赞，或许他们的每一次皱眉，每一次撇嘴，才应该是我们关注的焦点。要用挑剔的眼光看待我们的服务，应该多想一下为什么旅客会不满意，多想一下遇到同样的情况下次应该怎样处理。只有与旅客换位思考，想旅客之所想、急旅客之所急，才能真正将旅客的需求摆在第一位，才能将我们的服务做得更到位。

阅读材料 2-20：

### 从百般挑剔到真挚感谢

11月28日，南航吉林分公司地服部收到了旅客的一封感谢信，信是写给分公司总经理和主要负责人的。信里特别感谢旅服科副主任李景峰的热情接待和关照，并特别提到明珠贵宾室的徐虹、徐霞两位小姑娘，字里行间洋溢着旅客的高兴之情与感动之意。

写信的旅客名叫姚××，是一位60多岁的老先生，精神矍铄，阅历丰富，是一位法律专家，在吉林省法律界颇具知名度。他经常坐飞机出差，每次出行对机场服务方面的要求都非常严格，有时甚至是苛刻，任何服务细节，只要稍不满意，就会指责或投诉，因此员工们对他都印象深刻。

然而，就是这样一位旅客，怎么会写感谢信呢？事情还得从几个月前说起。7月份，老先生坐飞机出差，由于是南航金卡旅客，在办理完乘机手续后，服务人员热情地引导姚先生进行安检，并领到明珠贵宾室休息。尽管走的是工作人员通道，老先生还是提出了不满，认为工作人员通道人员过往频繁，检查不方便，服务不到位。接到姚先生的反映，当时值班的旅服科副主任李景峰立即来到贵宾室，耐心地向老先生做了解释，并建议老先生，如果愿意付一定的费用，就可以帮助他办理机场贵宾卡，走贵宾通道，同时还将自己的电话号码告诉了老先生，表示可以随时为老先生服务。在李景峰的耐心解释下,老先生消除了不满,并同意办理贵宾卡。于是,李景峰和其他工作人员着手为老先生办理贵宾卡,很快就办了下来。尽管当时老先生人在外地,贵宾卡没有及时交到他的手中,但老先生还是很满意。但是,没过多久,老先生就给李景峰打来电话,表示自己改变了想法,希望将贵宾卡退掉并表达了歉意。李景峰接到电话,二话没说,欣然应允。就这样一张经过很大努力办出的贵宾卡又被李景峰通过各种途径退了回去,此事给老先生留下了深刻印象。

由于姚先生是南航的金卡旅客,与贵宾室工作人员接触的机会自然也就多了一些,徐虹、徐霞两位小姑娘是贵宾室的服务人员,也是一对心有灵犀的孪生姐妹,她们也是为老先生服务最多的工作人员,她们的优质服务赢得了老先生的好评。但是老先生并不知道她们是孪生姐妹,还以为是同一位服务员在为他服务呢。两姐妹看在眼里,记在心上,并准备给老先生一个惊喜。11月28日,老先生乘机去北京,正值徐虹、徐霞值班,于是她们决定给老先生一个惊喜。下午,接到老先生来到机场的通知后,先是徐虹去为老先生服务,到售票处买票,办理乘机手续,热情地引导老先生到贵宾室休息。老先生当日心情很好,高兴地与徐虹交谈起来。而这时,徐霞也悄悄地来到贵宾室,与老先生热情地打招呼,老先生一看,两位小姑娘形象一样,不禁一下子怔住了。在两位小姑娘的解释下,老先生这才恍然大悟。当时,姚先生像小孩发现了秘密一样高兴,一边笑,一边夸奖两位小姑娘服务到位,并热情地拿出纸和笔,认真地写了起来,于是,一封真挚的感谢信出现了……

也许,服务并不是一件难做的事,只要付出足够多,做得足够好,相信,感动会无处不在!

(材料来源:刘兴旺,《中国民航报》)


**思考与练习:**

1. 旅客乘坐飞机,对航空公司所提供的服务属于何种需要?

2. 联系实际,简述美国心理学家马斯洛提出的需求层次理论。

3. 如果你是航空公司配餐部负责人,请你思考如何改善航空餐食以满足旅客的需要。

# 项目三　民航服务与个性心理

**项目导读：**

自然界没有完全相同的两棵树，甚至没有两片相同的树叶，人世间也没有完全相同的两个人。由于人的遗传特征不同，尤其是生活环境、生活条件、人生经历、受教育状况的不同，每个人都有不同于他人的个性。个性是一种心理特征，它使个人在心理活动过程中表现出各自独特的风格；同时，它具有稳定的、独特的整体特性。个性主要包括气质、性格和能力。

**学习目标：**

1. 理解四种气质类型的特点及表现。
2. 了解性格的含义、结构。
3. 了解能力的概念与分类。
4. 掌握作为民航服务人员应通过培养而具备哪些服务能力。

## 任务一　民航旅客的个性差异

**阅读材料 2-21：**

### 人的四种气质

苏联心理学家巧妙设计了一个"看戏迟到"的特定情境，对四种典型气质类型的人进行观察研究，结果发现：四种基本气质类型的观众，在面临同一情境时有截然不同的行为表现，气质为其心理活动染上了一种独特的色彩。

（1）胆汁质的人面红耳赤地与检票员争吵起来，甚至企图推开检票员，冲过检票口，径直跑到自己的座位上去，并且还会埋怨说，戏院的时钟走得太快了。

（2）多血质的人明白检票员不会放他进去，他也不与检票员发生争吵，而是悄悄地跑到楼上另寻一个适当的地方观看戏剧表演。

（3）黏液质的人看到检票员不让他从检票口进去，便想反正第一场戏不太精彩，还是暂且到小卖部待一会儿，待幕间休息再进去。

（4）抑郁质的人对此情景会说自己老是不走运，偶尔来一次戏院就这样倒霉，接着就垂头丧气地回家了。

（材料来源：中华英才网，2011年10月9日）

从上面的材料中，我们可以看到不同气质类型的人在面对同一件事情时有不同表现。那么，什么是气质？不同气质类型的人的特征是怎样的呢？

## 一、气质

### （一）气质概述

我们常说的气质，指的是在情绪反应、活动水平、注意力和情绪控制方面所表现出来的稳定的质与量方面的个体差异，即一般人讲的脾气、秉性。人的气质是先天形成的。孩子一出生，最先表现出来的差异就是气质差异。气质是人的天性，它只给人们的言行涂上某种色彩，但不能决定人的社会价值，也不直接具有社会道德评价意义。气质不能决定一个人的成就，不同气质类型的人经过自己的努力都有可能在不同的实践领域中获得成就，但也可能成为平庸无为的人。

古希腊医生希波克拉底是气质学说的创始人。他在从医实践中观察到了人们的气质特征，并且设想人体内有四种体液，每个人以自身体内占优势的体液为主导，构成四种气质类型：胆汁质、多血质、黏液质、抑郁质。苏联生理学家巴甫洛夫通过对高级神经活动的研究，认为神经系统的基本类型是气质的生理基础，气质是神经系统基本类型的外在表现。巴甫洛夫将高级神经活动分为不可抑制型、活泼型、安静型、抑制型等四种基本类型，这为希波克拉底四种气质类型找到了生理学的科学依据。

1. 胆汁质

胆汁质人的感知觉的感受性低而对刺激的耐受性高，不随意反应，敏

捷性高,适应行为的可塑性强,做事雷厉风行,情绪的兴奋性迅速、强烈,有较大的活动外向性,外部表现明显。

这种气质的人在日常生活中具体表现为精力旺盛,活动迅速,不易疲劳;情感发生迅速、强烈、明显,心境变化剧烈,热情坦率,语言明朗,埋头工作,待人真挚,具有外向性;但性情暴躁,易于冲动,自制力差,一旦精力耗尽,情绪一落千丈。

2. 多血质

多血质人的感知觉的感受性低而对刺激的耐受性高,不随意反应,敏捷性高,反应迅速且灵活,适应行为的可塑性强,情绪兴奋性强,有较大的活动外向性,外部表现明显。

这种气质的人在日常生活中具体表现为动作迅速敏捷,说话语流快,热情活泼,表情丰富,精神振奋;待人热情亲切,善于交际,易于适应不断变化的新环境,具有外向性;机智敏感,能迅速把握新事物;但注意力、情感、兴趣容易转移和变换,不愿做耐心、细致的工作,一旦事业失去新意或遭到挫折,就会感到悲观、厌倦、消极。

3. 黏液质

黏液质人的感知觉的感受性低而对刺激的耐受性高,不随意反应,敏捷性较低,反应速度迟缓,适应行为的可塑性差,情绪兴奋性较低,有较大的内向性,外部表现很少。

这种气质的人在日常生活中具体表现为行动稳定迟缓,沉默寡言,安静,稳重,善于克制,忍让;情绪微弱,持重,不易激动和外露;交际适度,不尚空谈,善于保持心理平衡,具有内向性;注意力、情感、兴趣稳定难于转移;对新事物不敏感,缺乏热情,显得因循保守,过分刻板,具有惰性。

4. 抑郁质

抑郁质人的感知觉的感受性高而对刺激物耐受性低,不随意反应,敏捷性低,反应速度慢且不灵活,适应行为的可塑性差,情绪兴奋性高而体验深,表现为明显的内向性,外部表现不明显。

这种气质的人在日常生活中具体表现为言语、行为迟缓,不强烈,不活泼,易疲劳且不易恢复;情绪脆弱,体验深刻,稳重且不外露,不能接受强烈刺激；对人与事的观察比较细腻，思维敏锐，想象力丰富，谨小慎微，能与人友好相处；易多虑，易挫折，缺乏自信心，不果断，常有孤独、胆怯的表现。

在现实生活中，纯属某一气质类型的人是极少数，中间型或混合型的人占绝大多数。

（二）气质差异与管理

1. 气质无好坏之分

性格有好坏之分，但气质类型并无好坏之分。任何气质类型都有积极和消极两个方面，任何气质类型的人都有长处和短处。胆汁质的人，积极、充满活力和生机勃勃，但容易浮躁、任性和感情用事；多血质的人，灵活、亲切又不乏机敏，但略为轻浮和情绪多变；黏液质的人，沉着、冷静、坚毅，但为人冷淡而缺欠活力；抑郁质的人，情感深厚而稳定，但较为孤僻、羞怯。当我们认识到气质类型并无好坏之分，任何气质类型的人都有长处和短处之后，就不会因为对自己的气质类型不满意而自暴自弃，不求进取；更不会因为对员工的气质类型不满意而贬低、压抑其工作的积极性。管理者要认真分析自己及员工气质类型中的积极、消极之处，发扬光大其积极的一面，控制、克服其消极的一面，自觉培养和锻炼，逐渐改善自己及员工的气质。

2. 气质差异与工作安排

气质虽不在人们的实践活动中起决定作用，但它可以影响人们活动的效率。某些工作，某种气质类型的人干起来效率更高；另一些工作，另一种气质类型的人干起来更有效率。例如，像自动化系统操作、营销这类要求员工做出灵活反应的工作，多血质、胆汁质的人比较合适，因为这两种气质类型的人都具有灵活、机敏的特点；而像微电子技术、钟表修理这类要求持久、细致的工作，黏液质、抑郁质的人更适宜，因为他们的气质类型中有沉着、坚毅和稳定、深刻的一面。正因为气质会影响人们活动的效率，管理者在安排工作时，一定要考虑员工的气质特点及员工的气质差异，尽量把他们安排到最有利于发挥其个体气质特长的工作岗位上，为他们更有效地工作创造机会，也为更有效地实现整个管理系统的管理目标创造条件。

## 二、性格

### （一）性格的含义

性格是人心理个别差异的重要方面，人与人之间的差异首先表现在性格上。

如果一个人对现实的某种态度，在类似的情境下不断地出现，逐渐地得到巩固，并且使相应的行为方式习惯化，那么这种较稳固的对现实的态度和习惯化了的行动方式所表现出的心理特征就是性格。例如，一个人在待人处事中总是表现出高度的原则性、热情奔放、豪爽无拘、坚毅果断、深谋远虑、见义勇为，那么这些特征就构成了这个人的性格。构成一个人的性格的态度和行动方式，总是比较稳固的，在类似的甚至不同的情境中都会表现出来。

### （二）性格的类型

1. 急躁好胜型

快节奏、竞争性强、易激怒、敌意、反应敏捷，这类性格的人容易得冠心病、高血压、甲亢或中风。

2. 知足常乐型

节奏慢、安静、顺从、知足、缺少抱负、不喜竞争、中庸、缺乏主见、多疑，这类性格的人容易得失眠症、抑郁症、疑心病、强迫症。

3. 忍气吞声型

过度克制压抑情绪、生闷气、有泪往肚里流，这类性格的人容易内分泌紊乱。

4. 孤僻型

冷漠、消极、悲观、独处、没有安全感，这类性格的人容易得心脏病、精神疾病。

## 三、能力

### （一）能力的概念

能力是指顺利完成某一活动所必需的心理条件。能力是直接影响活动效率，并使活动顺利完成的一种稳定的个性心理特征。能力总是和人完成一定的活动联系在一起的。

能力是人在运用智力、知识、技能的过程中，经过反复训练而获得的。能力是人依靠自我的智力和知识、技能等去认识和改造世界时所表现出来的身心能量。例如，对于民航服务人员来说，他们在从事这一工作之前，都进行了严格的训练，重点培养他们的社会交际能力和语言能力，以及服务技能、安全知识、礼仪形象等多方面的知识和能力，为从事民航服务这一工作打下了良好的基础。

顺利完成某种活动，不是单一的一种能力所能胜任的，须依靠多种能力的结合。各种能力的有机结合，称为才能。才能常以活动的名称命名，如音乐才能、管理才能、教学才能等。才能高度发展，能创造性地完成任务的能力称为天才。天才不是天生的，它是人凭借先天获得的生理条件，在社会环境和后天教育的影响下，加上主观努力而逐渐发展起来的。

在现实活动中表现出来的能力，叫事实能力，即我们之前定义中的能力。经过学习训练才表现出来的能力，或在特定环境下被激发出来的能力，称为潜能。

**阅读材料 2-22：**

## 每个人都有一座潜能宝藏

哈佛课堂上讲到：每个人都拥有一座潜能的宝藏。人的潜能是永远挖掘不尽的，就像一座永远也挖不尽的金矿，你可以从这座金矿取得所需要的一切东西，如果能唤醒这种潜在的巨大力量，往往会出现奇迹。每个人都蕴藏着巨大的潜能，等待着我们去发现、去认识、去开发。这种力量一旦引爆出来，将带给你无穷的信心和能量。

美国学者詹姆斯根据自己研究的成果说："普通人只开发了他潜能的1/10，与应当取得的成就相比较，我们只不过是在沉睡。我们只利用了我们身心资源的很小的一部分，甚至可以说一直在荒废。"

（材料来源：杨英、潘静，《哈佛最神奇的24堂心理课》，石油工业出版社2009年版）

（二）能力的分类

1. 一般能力和特殊能力

（1）一般能力

一般能力就是我们所说的智力。它是人的认识活动中的一种具有多维结构的综合性能力。个人认识过程中的各种能力，包括感知能力、记忆能力、思维能力、想象能力、言语能力等都属于智力的范围。其中抽象概括能力是智力的核心，创造能力是智力的高级表现。

（2）特殊能力

特殊能力是指在某些专业和特殊职业活动中表现出来的一般能力（智力）的某些特殊方面的独特发展。例如，数学能力、文学能力、艺术表演能力、管理能力、技术操作能力等都属于特殊能力。

一般能力和特殊能力相互联系构成辩证统一的有机整体。一方面，特殊能力的发展以一般能力的发展为前提，某种一般能力在某种活动领域得到特别的发展，就可能成为特殊能力的组成部分。另一方面，在特殊能力得到发展的同时，也发展了一般能力。

2. 再造能力和创造能力

（1）再造能力

再造能力又叫模仿能力，是指能使人迅速地掌握知识、适应环境，善于按照原有的模式进行活动的能力。这种能力符合学习活动的要求。

（2）创造能力

创造能力是指具有流畅、独特、变通、创新及超越平常的思考与活动的能力，这种能力符合创造活动的要求。这两种能力有着密切的联系。再造能力是创造能力的前提和基础。人们常常是先模仿，然后再进行创造。

3. 认知能力、操作能力和社交能力

（1）认知能力

它是指人脑加工、存储和提取信息的能力，即我们一般所讲的智力，如观察力、记忆力、想象力等。人们认识客观世界，获得各种各样的知识，主要依赖于人的认知能力。

（2）操作能力

它是指人们操作自己的肢体以完成各项活动的能力，如劳动能力、艺术表演能力、体育运动能力、实验操作能力等。操作能力是在操作技能的基础上发展起来的，它又成为顺利掌握操作技能的重要条件。操作能力与认知能力不能截然分开。不通过认知能力积累一定的知识和经验，就不会有操作能力的形成和发展；反之，操作能力未得到发展，人的认知能力也不可能得到很好的发展。

（3）社交能力

它是指人们在社会交往活动中表现出来的能力，如组织管理能力、言语感染力、判断决策能力、调解纠纷能力、处理意外事故的能力等。这种能力在组织团体、促进人际交往和信息沟通等方面有重要作用。

（三）能力的差异

能力的差异在心理学中有两层含义：其一，指个体之间的差异；其二，指群体之间，如不同年龄、不同性别、不同社会文化、不同职业之间的差异。

1. 智力的个别差异

人在智力方面的个别差异是十分显著的。心理学研究表明：人的智力的个别差异在一般人口中测量，呈常态曲线分布。智力中等者（IQ在80~120之间），占全部人口的80%左右；智力极优秀者（IQ在140以上），占全部人口的1%左右；心智不足者（IQ在70以下）占全部人口的3%左右。另外，人的智力差异还表现在知觉、表象、记忆、想象、思维的类型和品质方面。

2. 特殊能力的个别差异

人的特殊能力的差异是十分明显的。有的人擅长音乐，有的人擅长体育，有的人擅长于技术操作，有的人则表现出社交、组织管理等方面的社会活动才能。

**阅读材料2—23：**

## 世界上还有一种具有特殊才能的智障者

据报道，英国31岁的泰莱，智商低于70，故他连系鞋带、扣纽扣、刮胡子等简单的事情也做不了；但在另一方面他却是个奇才，可以在极短

时间内学会一种语言,现在他已经通晓 18 种外语。也就是说,这个人一般能力极低,但在学习语言方面的特殊能力却获得了超常发展。其中的原因,有待医学、心理学做出解释。

(材料来源:医学教育网,2009 年 10 月 31 日)

3. 能力表现的年龄差异

人的能力的充分发挥有早有晚,有些人的能力表现较早,年轻时就显露出卓越的才能,这叫"早慧"。如王勃十岁能作赋;李白五岁诵六甲,七岁观百家;奥地利作曲家莫扎特五岁开始作曲,八岁试作交响乐,十一岁创作歌剧。这种情况古今中外,各国都有。另一种情况叫"大器晚成",指智力的充分发展在较晚的年龄才表现出来。这些人在年轻时并未显示出众的能力,直到中年才崭露头角,表现出惊人的才智。英国著名生理学家谢灵顿年轻时放荡不羁,后来受到刺激,幡然悔悟,立志向学,终于获得巨大的成就。达尔文年轻时被人认为智力低下,以后成为进化论的创始人。齐白石四十岁才表现出绘画才能。

4. 能力的性别差异

女性在语言方面,男性在抽象思维方面各有优势。空间知觉能力,男性优于女性;注意力方面,男性更多的集中于物,女性则更多的集中于探究人生,注意内心世界;理解记忆、抽象记忆,男性优于女性,而女性更擅长机械记忆、形象记忆;女性的直觉与形象性思维优于男性,思维分析性、新奇性和独立性则男性优于女性;在操作能力方面,动手能力、操作速度与正确性男性占优,细节快速反应和知觉能力则是女性占优。

## 任务二 个性差异在民航服务中的应用

### 一、气质培养

气质对人的实践活动有重要影响。气质具有遗传性。人们虽然不能完全依靠气质来选择职业,但在工作中要注意调整自己的气质特点,扬长避短,做好服务工作。

（一）感受性适度

感受性是指外界刺激对个体达到一定强度时才会引起的反应。在民航服务中，民航服务人员会面对各种不同层次、不同背景的旅客，服务过程中也随时会发生大大小小不同的情况。如果服务人员的感受性过高，势必造成精力分散，注意力不集中，影响正常工作；而感受性太低，则会怠慢旅客，引起旅客的不满。因此，为了保证民航服务人员能在热情饱满的最佳状态下进行服务工作，应培养他们适度的心理感受性。

（二）较强的忍耐性

忍耐性是指个体在遇到各种刺激和压力时的心理承受能力。在民航工作中，民航服务人员会遇到不同类型的旅客，以及处理各种紧急、特殊的情况，如遇到百般挑剔，甚至无理取闹的旅客；航班延误时，要面对旅客尖刻的语言；等等。如何以良好的心理素质来面对和处理这些状况，这对每一位民航服务人员来说都是严格的考验，也是体现民航服务人员素质高低的关键。

## 二、民航服务人员的性格培养

研究发现，性格与人的身心健康密切相关。如果一个人的性格是健康的，那么他的人生也会是快乐的、幸福的；如果一个人的性格是病态的，那么他的人生也会是痛苦的、忧伤的。如果一个人想改变命运、创造辉煌，就必须改变自己的不良性格。

米开朗琪罗在雕刻大卫像之前，花了很多时间挑选大理石。因为他知道，虽然他可以改变石头的外形，但他无法改变石头本身的质地和纹理。也许我们每一个人都是自己性格的雕塑师。

性格对服务人员来讲十分重要，如何才能不断地塑造自身的良好性格呢？

（一）不断地提高自己的认知水平

由于各种良好心理品质的形成都是以认识为基础的，无论是积极心理品质的塑造，还是消极心理品质的矫正，都必须以提高认识、判断和评价水平为突破口，正确识别与评价现实生活中的真善美与假恶丑，形成正确的是非观、美丑观和荣辱观，做到既能正确认识和评价社会生活中的人、事、物，也能客观地认识与评价自己。在实践中，应不断学习如何自觉地去塑造自己良好性格的方法与途径。只有真正提高自己的认知水平，才有可能产生塑造良好性格的内动力。

（二）寻求自己崇拜的偶像，发挥榜样的示范作用

偶像在人的个性发展中起着一种引路人的作用，人的性格正是从模仿走向自觉与成熟的。因此，找准自己崇拜的偶像，可让自己在模仿榜样的过程中使自己的性格得到完善。

（三）创设融洽的集体环境，形成健康的集体氛围

一个好的集体，对提高和完善人自身性格的自觉性和积极性都是很有帮助的。坚强而富有生气的集体能够产生一种巨大的精神力量，培育人的健全性格。这种力量是任何有经验、有能力的个人所无法具备的。良好的环境会使人尽情地表达自己的思维成果和感情，获得切身体验，完善自我的良好性格。

（四）培养健康的生活情趣，保持积极、乐观的心境

一个人偶尔心情不好，不致影响性格；若长期心情不好，对性格就有影响了。如长年累月的爱生气、使性子，为一点小事而激动的人，容易形成暴躁易怒、神经过敏、冲动沮丧的特点，这是一种异常情绪型的性格。因此，要时刻提示自己乐观地生活，培养幽默感，增加愉快的生活体验，保持愉快的记忆。

（五）兴趣广泛，乐于交际，与人和谐相处

兴趣广、爱交际的人，会学到许多知识，训练出多种才能，有益于性格的形成和发展。但是，与品德不良的人交往，也会沾染不良的习气。因此，要正确识别、评价周围的人和事。待人处事，要持公正态度。与人相处，要互敬、互爱、互谅、互让，尊重别人，诚心地称赞别人，善意地批评别人，热情地帮助别人，努力搞好人与人之间的关系。

此外，性格是由习惯养成的，要塑造出良好、独特的性格，还须养成主动及时沟通的习惯以及承认错误的习惯。

## 三、民航服务人员能力培养

### (一) 培养良好的观察能力

观察是指一种有目的、有计划的知觉,是人们对现实事物感性认知的一种主观形式,是与思维、语言、注意力等心理活动紧密结合的、复杂的智力活动。

服务人员的观察能力,主要是指服务人员通过观察旅客外部表现去了解旅客心理的一种能力。敏锐而深刻的观察能力,是一个优秀的服务人员所不可缺少的重要心理品质。

观察能力的培养可以从以下几个方面入手。

1. 明确观察的目的、任务

观察的目的、任务越具体,收效就越大。如乘务员明确巡视客舱的目的与意义,以后观察时就会更加仔细,就可以从旅客的服装、言行等区分出他们不同的国籍、职业、个性,并根据这些不同的特点进行针对性的服务。

2. 在观察中要细心

因旅客的心理现象十分复杂,有的喜怒溢于表面,有的则不形于色。他们的言谈举止、兴趣、爱好、气质等各有差异,这就需要服务人员善于从旅客的一个眼神、一个细微的动作或只言片语中去揣测他们的心理变化。

3. 善于整理、总结经验

具有良好观察能力的民航服务人员要不断地总结工作中成功与失败的经验教训,找出旅客之间的共同点与不同点,以便为旅客提供有针对性的服务,从而提高服务质量。

### (二) 培养良好的注意力

注意力指心理活动对一定对象的指向和集中。注意力的指向指人们的心理活动有选择地指向一定的对象,而同时离开其余的对象。注意力的集中指人们的心理活动不仅指向某种事物,而且坚持在这一对象上使注意活动不断深入。

民航服务人员的注意力可以从以下几个方面培养。

1. 明确服务工作的意义，提高对工作的兴趣

对服务工作的意义理解得越透彻，完成任务的愿望就越强烈，就越能将注意力稳定集中在某项事物上。提高对工作的兴趣，就能鼓舞服务人员努力去完成任务，也能增强注意力的稳定性。

2. 注意排除各种干扰，培养抗干扰能力

干扰可能来自外界，也可能来自个体自身，但不论怎样都需要服务人员在服务过程中保持自己注意力的稳定性，这样才能避免工作中的差错。

3. 合理、灵活地分配注意力

提高注意的范围，做到眼观六路、耳听八方，根据需要合理并灵活地分配注意力，及时将注意力转移到新的对象上。

（三）提高表达能力

在民航服务过程中，服务人员的表达能力几乎是无时无刻不在表现着，表达能力的强弱直接关系到服务的成功与失败，关系到服务质量的好坏。

1. 准确应用非语言工具

要掌握非语言工具，如手势、目光、表情等的使用。

2. 语言沟通

要具备良好的语言表达能力必须做到在与旅客的交谈中，要使用正确的语言，使用准确的词汇，发音要标准，用词也要恰到好处，避免语言混淆不清。作为民航服务人员要注意自己的用词，尽量少用专业用词。要简明扼要地表达自己的意思和思想，说话时要注意时机，不要在他人交谈时打断其谈话。谈话时间适当，不宜过长，以免不必要的麻烦；也不能过短，以免使旅客感到民航服务人员没有耐心。

（四）具备倾听能力

心理学研究表明，人在内心深处都有一种渴望得到别人尊重的愿望。倾听是一项技巧，是一种修养，甚至是一门艺术。我们在学校学习读、写、说，但我们从未学习过如何倾听。倾听也许是所有沟通技巧中最容易被忽视的部分。

教育家卡耐基说："做个听众往往比做一个演讲者更重要。专心听他们讲话，是我们给予他们的最大尊重、呵护和赞美。"友善的倾听者会成为最受欢迎的人。据一些专家和学者研究,人们用于听的时间是读的三倍、写的五倍、说的一倍。甚至还有人指出,人们在相互交往或交流信息时,听的时间几乎占到了40%~66%。可见,"听"在人们交往过程中占有非常重要的地位。

那么,作为一名民航服务人员,应掌握哪些倾听技巧呢?

1. "听"的语言技巧

(1) 适当要求旅客做进一步说明。如:"请您讲下去。""您有什么特殊情况吗?"这样的语言会使旅客感到民航服务人员亲切,关心自己,心情就会十分愉快,会增加对民航服务人员的好感。

(2) 提问。提问是鼓励对方把话继续讲下去的方法之一,从而了解对方更多信息与需要。

(3) 回馈共同的意见和经验。民航服务人员在倾听时可以简述自己的一些意见或经验,或简要介绍与旅客类似的观点。

(4) 使用不同的肯定式答语。如:"是""对""好""明白了"等,用于赞成旅客的观点,这样能使旅客感受自己被肯定,使民航服务人员与旅客双方有共同语言,从而收到更好的沟通效果。

(5) 让对方把话讲完。打断他人说话是非常不尊重别人的一种表现,也是非常不礼貌的一种行为。若旅客在讲话时讲述到一些与民航服务人员观点或意见不同的内容,也要让旅客把话讲完,再讲述自己的观点,使对方感到民航服务人员很尊重他。

(6) 复述对方的讲话内容。民航服务人员应复述旅客讲到的关键语、词、句,以表示自己记住了。复述可避免交流上可能出现的理解差异和缺陷,但复述时要注意简明扼要。

(7) 阐述自己的理解或解释旅客的意图。民航服务人员用自己的语言来解释对方的诉求,这种解释的目的是准确理解旅客的意思。

2. "听"的非语言技巧

(1) 目光注视。眼神往往最能真实地反映一个人的态度。民航旅客会从与他交流的服务人员的眼神中看出服务人员是否对他的话感兴趣。一般来讲,目光专注,说明是在认真听;目光游离,则表示没有认真听。航空服务人员应在倾听旅客说话时保持目光的专注,让旅客体验到被尊重和被

重视的感觉。

（2）适当利用面部表情。比如在倾听时表现出微笑、扬眉、点头等动作。

（3）声音鼓励。如用"嗯""噢""啊"，表明服务人员在认真倾听。

（4）运用适宜的身体姿态。在倾听旅客说话时，表现出开放式的姿态，表示乐意和有兴趣倾听对方说话，身体语言表现为：微微前倾，姿势应轻松灵活。不能摆出悠然自得、没精打采的样子，也不必过于紧张；否则容易使旅客认为民航服务人员对他漠不关心、傲慢，或感到民航服务人员紧张或不舒服。

（5）适当靠近对方。拉近身体间的距离可更清楚地听到旅客讲话，尤其在候机室，人员嘈杂，适当地靠近旅客可减少各种外界干扰，并表明民航服务人员对旅客意见或观点的关注和赞许。

**思考和练习**

1. 请简述气质的含义及分类。
2. 作为民航服务人员，应培养怎样的性格？
3. 能力的差异表现在哪些方面？
4. 民航服务人员应具备哪些方面的服务能力？

# 项目四　民航服务与情绪

**项目导读：**

民航服务人员是民航的形象代表，其情绪状况直接影响其身心健康、人际交往和工作效率，从而对服务质量产生较大影响。通过本项目的学习，了解情绪的概念、特征、类型及其作用；了解积极情绪和消极情绪对民航服务的影响；重点掌握情绪调控的技巧和方法。

**学习目标：**

1. 了解情绪的概念、特征、类型，以及情绪对人的影响。
2. 了解情绪对人具有积极和消极两方面的影响，形成正确对待情绪的态度。
3. 懂得不良情绪产生的原因，通过表情正确判断人的情绪。
4. 学会调控情绪的方法，提高自身的心理素质。

## 任务一　民航旅客的情绪变化

我们的生活充满着各种情绪，有时欣喜若狂，有时焦虑不安，有时孤独恐惧，有时满腔怒火，有时悲痛欲绝……情绪最能表达人的内心状态，它是人的心理状态的晴雨表。

### 一、情绪的含义与特征

（一）情绪的含义

情绪是人对客观事物的态度的体验，是人的需要获得满足与否的反映。它是人对客观现实的一种反映形式，但不同于认识过程。认识过程是人对客观事物本身的反映，而情绪则反映客观事物与人的主观需要之间的关系。需要是人的情绪产生的根源和基础。当客观事物能够满足人的需要时，就会使人产生积极的情绪，如考试取得好的成绩会兴高采烈，得到梦寐以求的东西会激动不已；反之，当客观事物不能满足人的需要时，就会使人产生消极的情绪，如亲人去世会悲痛欲绝，遇到危险会紧张恐惧，感情受挫会失望悲伤等。人类的需要是多种多样的，既有生理需要，又有社会需要，既有物质需要，又有精神需要，涉及方方面面，因而就会产生复杂多样的情绪。

（二）情绪的特征

根据人的需要是否得到满足，可将情绪分为以下几种。

1. 当需要得到满足时，情绪表现为喜（积极的、增力的）

喜是一种愉快、喜悦的情绪，由于需要的满足有助于人的生存和发展，可不再为之操劳、奔波和烦心，因而愉快、喜悦的心情便会自然流露出来。此外,人的情绪还明显受到个性倾向的制约,凡与人的需要、兴趣、理想、信念相符合的事物都会使人产生愉快、满足和喜悦的情绪,表现出欢迎、接纳的态度;反之,则会产生失望、不安、厌恶等不良情绪,并拒绝、抵制与此相关的事物。人为了生存,除了必须得到衣食住行等生活资料外,还需要精神生活条件,如文化娱乐等。因此,凡需要能够得到满足时,人就会表现出喜悦的情绪。

2. 当需要得不到满足时,情绪表现为愁、忧、怒(消极的、减力的)

如果无法得到生存所需要的物质,就必然会影响人的生存,就会引起心理的波动,产生愁、忧、怒以及失望、不安、惧怕等情绪反应。因为人是社会性的高级动物,当社会性的精神需要得不到满足时,将会产生同样的情绪反应。

由此可见,情绪由人的需要而定,当人的需要得到满足时,会产生积极的情绪体验;反之,人的需要一旦无法得到满足,便会产生消极的情绪体验。

## 二、情绪分类

(一)根据情绪体验,情绪可分为四种基本类型——喜、怒、哀、恐

喜、怒、哀、恐,即快乐、愤怒、悲哀和恐惧。我们可以先来看一下人类的近亲——猩猩的面部表情。

图 2—13 猩猩的面部表情

1. 快乐

快乐是人在追求某种需要并达到目的时所产生的满足体验。这是一种

具有正性享乐色彩的情绪，使人产生超越感、自由感和接纳感。快乐的强度与达到目的的难易程度和或然性有关。目标越难达到，达到后快乐的体验就越强烈。此外，当人的愿望在意想不到的时机或场合得到满足时，会给人带来更大的快乐。快乐的情绪从微弱的满意到狂喜，分为一系列程度不同的级别。

2. 愤怒

愤怒是人在追求某种需要的过程中受到干扰而不能达到目标时所产生的情感体验。愤怒与快乐是相对的两极，怒是由于事与愿违，不仅未能如愿，反而出现了人们根本不愿意见到的局面，从而使原有的紧张不仅未能解除，反而更加重了心理的压力；当然，也可能是突然遭到意外，从而使正向的局面发生逆转，在瞬间引起的心理感受。愤怒从弱到强的变化是轻微不满—微怒—怒—愤怒—暴怒。

3. 悲哀

悲哀产生于人们所热爱和所期望的事物突然消失或泯灭，心里感到失落、空虚、渺茫、不知所措，是心理上另一种刺痛的体验。悲哀的程度取决于所失去的对象和泯灭的愿望对个人或社会的价值的大小。悲哀按程度的差异表现为失望—遗憾—难过—悲伤—哀痛。

4. 恐惧

恐惧是人们受能力和力量的限制而无法处理或摆脱可怕情景时所产生的一种情绪体验。比如，遇到地震、火灾或者突遇不法分子的袭击，人们感到无力应对或不知如何应对，往往会惊慌失措，被强烈的恐惧感所笼罩。恐惧有很强的感染力，往往会使周围的人也产生恐惧和不安。恐惧是一种极度紧张的心理状态，极端严重时可有濒死感、失控感、大祸临头感，并伴有明显的生理变化，如面色苍白、呼吸急促、小便失禁、冒虚汗等等。恐惧也有轻重的不同，这取决于情景的可怕程度与危急程度，也取决于人处理事物的能力。

（二）根据情绪表现，情绪可分为三种基本状态

依据情绪活动发生的强弱程度和持续时间，可将情绪划分为心境、激情和应激三种典型的基本情绪状态。

1. 心境

心境是一种比较微弱而持久的情绪状态，它具有弥漫性的特点，往往影响着人的整个精神状态，并且在一段时间内，使周围的事物染上同样的情绪色彩。例如，喜悦的心情往往会使人感到心情舒畅，万事如意，办任何事情都顺利；而悲伤的心情则会使人感到凡事枯燥乏味，悲凉忧伤。所谓"忧者见之则忧，喜者见之则喜"，就是指人的心境。

一般来说，心境持续的时间较长，从几个小时到几周、几个月甚至更长的时间，这主要取决于心境的产生背景与每个人的个性差异。例如，亲人去世，往往会使人较长时间处于郁闷的心境。而且个性差异对这种心境也会带来不同影响。抑郁质的人会助长这种郁闷的心境，而胆汁质的人可能会缩短或减缓这种心境。心境对人的工作、生活、学习以及健康都有很大影响。积极、良好的心境会使人振奋、提高活动效率、有益于健康，而消极、不良的心境会使人颓废、降低活动效率、有损健康。

2. 激情

激情是人的一种迅速强烈地爆发而持续时间短暂的情绪状态，如狂喜、绝望、暴怒等。在激情爆发时，常常伴有明显的外部表现，如咬牙切齿、面红耳赤、顿足捶胸、拍案叫骂等，有时候甚至会出现痉挛性的动作或者言语混乱。激情主要是由生活中具有重要意义的事件引起的。此外，过度的抑制和兴奋，或者相互对立的意向或愿望的冲突也容易引发激情。激情有积极与消极之分。积极的激情会成为激发人正确行动的巨大动力；而消极的激情常常对机体活动具有抑制的作用，或者引起人过分的冲动，使人做出不适当的行为。

3. 应激

应激是指人们在出乎意料的情况下所引起的情绪状态。例如，人们遇到突然发生的火灾、水灾、地震等自然灾害时，刹那间身心处于高度紧张状态的情绪体验。

应激状态要求人迅速判断情况，瞬间做出选择，同时还会引起身体机能一系列明显的变化，比如心跳、血压、呼吸、腺体活动及紧张度等都会发生变化。适当的应激状态，使人处于警觉状态之中，并通过神经内分泌系统的调节，使内脏器官、肌肉、骨骼系统的生理、生化过程加强，并促使机体释放能量，提高活动效能。而过度地或者长期地处于应激状态之中，会过多地消耗身体的能量，以致引起疾病甚至死亡。

人在应激状态时，一般会出现两种不同的表现：一种是情急生智，沉着镇定；另一种是手足无措，呆若木鸡；有些人甚至会发生临时性的休克等症状。在应激状态下人们会出现何种行为反应与每个人的个性特征、知识经验以及意志品质等密切相关的。

## 任务二　情绪管理在民航服务中的应用

### 一、健康情绪对民航服务的积极意义

（一）健康情绪可以促进民航服务人员的身心健康

当人的情绪处于健康状态时，他是轻松、愉悦的，身体内部各器官的功能十分协调，有益于身体健康。此外，情绪除了与免疫系统密切相关之外，还与不健康的行为方式、心理适应、求医行为及社会支持有一定的关系，而这些都是决定一个人身心健康的重要因素。

因此，健康、积极的情绪是保持心理平衡与身心健康的条件，而身心健康又是保证航空服务质量的前提条件。

（二）健康情绪可以促进民航服务人员的人际交往

健康情绪表现为精神上的愉快和情绪上的饱满，使人充满自信心，保持乐观的人生态度、开朗的性格、热情超然的品质，从而使人能正确认识、对待各种现实问题，从容地面对和化解人际交往中的各种矛盾，创造良好的人际关系。

（三）健康情绪可以提高民航服务人员的服务质量

1. 拉近与旅客的心理距离

一般来说，当旅客与航空公司建立服务关系时，因为陌生，相互不了解对方，会感到一定的紧张和不安，进而产生戒备心理。而航空服务人员的良好情绪，如轻松愉悦、乐观振奋，不仅使自己处于一种良好的工作状态，而且还会感染服务对象。因为良好情绪所释放出来的真诚笑容，可以在不经意间化解对方身体上和精神上的紧张和不安，使人感到信赖和安

全，拉近彼此之间的心理距离，建立起和谐信赖的服务关系。良好服务关系的建立，是提高服务质量的首要条件。航空服务人员能否为旅客做到体贴服务——心理距离很近的服务，也是旅客选择航班与航空公司的重要因素。

2. 健康情绪可以缓解旅客的旅途疲劳

航空服务人员的健康情绪状态可以通过表情，特别是轻松愉悦的笑容传达给旅客，给旅客以安全感和振奋感，从而有利于消除旅客长途旅行的疲劳及孤独等消极情绪。

3. 健康情绪可以化解旅客的不良情绪

航空服务人员的健康情绪状态，一是可以让带着不良消极情绪登机的旅客得到提醒：现在你是在开始一个新的旅程，从而使旅客意识到要对自身情绪进行调整了。二是在服务过程中，需要规劝旅客，婉拒旅客不合理的要求。处理与旅客的纠纷时，航空服务人员的健康情绪所释放出来的热情和真诚，可以有效地化解旅客的不愉快情绪，从而赢得旅客的配合和理解。

4. 健康情绪可以营造良好的航空服务心理氛围

良好的航空服务心理氛围，是指航空服务的情景符合旅客的需求和心理特点，航空服务人员之间、旅客之间以及二者相互之间的关系和谐，使旅客产生了满足、愉快、互帮、互谅等积极的态度。积极饱满的情绪是营造良好航空服务氛围的重要因素。航空服务人员要懂得以积极乐观的情绪，如生机勃勃、主动热情，创造良好的航空服务心理氛围，激发自己的工作热情，提供贴心、周到的服务，提高航空服务的效率和质量，使旅客和自己都获得精神上的满足。

## 二、不良情绪对民航服务的消极影响

（一）不良情绪会损害航空服务人员的身心健康

凡是不能满足人们需要的事物，都可能引起人们的否定态度，并产生消极的、不愉快的情绪。这类情绪包括愤怒、憎恨、悲愁、恐惧、苦闷、不安、沮丧、忧伤、嫉妒、耻辱、痛苦、不满等。这些都是与消极情绪状态密切联系的。因此，从某种意义上说，消极情绪是一种导致不良心理的紧张状态，往往会因过分地刺激人的器官、肌肉及内分泌腺而损害人的健康。这种情绪一方面是人的机体为适应环境而做出的必要反应，它能动员机体的潜在能力，使自己为适应变化的环境而斗争；但另一方面，它也会对机体的健康产生不利的影响。

持久地出现消极情绪所引起的长期过度的神经系统紧张，往往会导致身心疾病，如神经系统功能紊乱、内分泌功能失调、免疫功能下降，最终可能转变为精神障碍或其他器官的疾病。

（二）不良情绪会影响航空服务人员的人际交往

人际关系是一种建立在心理接触基础上的社会关系。一个人的心理健康水平直接影响其人际交往的效果。如果一个人在认知、情感及性格方面存在障碍，必然会给他的人际关系带来负面影响。

情感障碍是指人在消极情感的支配下（如冷漠、妒忌、悲观、自恋）产生的人际排斥。心理障碍可导致人际交往中不良心理的产生，从而影响良好人际关系的建立。

不同的情绪和情感影响着人们相互喜欢的程度。愤怒、厌恶、自卑、嫉妒等负面情绪，会影响一个人的言谈举止。当一个人不能有效地驾驭这些情绪时，就会妨碍其与他人之间的沟通。例如，当一个人被自卑情绪困扰时，与人交往时往往采取一种消极的态度，或被动封闭，或猜忌多疑。当一个人的负面情绪体验强烈时，往往会导致行为上的失控，出现过激行为，并导致严重的人际纠纷与冲突。

航空服务人员如果不能很好地管理自己的不良情绪，就可能会影响工作人员之间及工作人员与旅客之间良好人际关系的建立。

（三）不良情绪会影响航空服务人员的服务质量

带着消极情绪工作的航空服务人员，以及因长期受困于消极情绪而导致出现心理问题的航空服务人员，是不可能为旅客提供良好服务的。不良情绪会影响同事之间的沟通，而沟通不畅就会直接影响彼此之间工作的协调性，从而降低工作效率。

不良情绪会破坏服务关系的和谐。不良情绪困扰航空服务人员，使之很难与旅客建立起良好的服务关系，而良好服务关系的建立和维持，是保障服务质量的重要因素，甚至是首要因素。设想当旅客面对着怒气冲冲的

航空服务人员时，会有怎样的感受？他们会感到不被欢迎、不被尊重，从而产生不愉悦的心情。这种不良情绪还会相互感染，形成恶性循环。不良的心境不但会影响航空服务人员与旅客的情绪和心情，甚至还会激发矛盾。所以，不良情绪如果得不到有效控制，将会直接影响民航服务的质量。

阅读材料 2-24：

### 服务时控制情绪很重要

2007 年 7 月某日的 MU5634（乌鲁木齐—上海）航班，大概在 21：10，机组人员巡视客舱，24F 的一名旅客问正在巡视客舱的男乘务员："现在飞到哪儿了？"乘务员回答："我也不知道。"旅客对乘务员的回答非常不满，于是张口说："你是吃啥饭的！"乘务员因为没听清就回头问了一下，旅客当时正看着窗户外面没有理会乘务员说什么，于是乘务员就拉了一下旅客的袖子，继续询问旅客："先生您刚才说什么，有什么事吗？"于是旅客就说："你是吃啥饭的？你白干这工作的？"乘务员听后有些生气，没有很好地控制情绪，从而与旅客发生了争执，最后该旅客要投诉该乘务员。经乘务长努力调节后，该旅客仍表示不接受道歉。

（材料来源：民航资源网，2009 年 10 月 30 日）

### 三、不良情绪的自我调节法

从情绪的特点中，可以看出情绪具有扩散性。民航服务人员不仅要控制好自身的情绪状态，使良好的情绪始终处于优势地位，而且更重要的是要避免将自己的不良情绪带到工作中来，影响对旅客的服务。民航服务人员在日常的工作、生活中，要注重调节、控制自身的情绪，减轻、消除心中的压力，愉快地、热情地投入工作中去。

（一）民航服务人员的最佳情绪状态

民航服务人员完全可以通过自我整合，把自己的情绪调节到所需要的状态，变"自己也无可奈何"，"自己也指挥不了自己"为"自己可以奈何自己"，"自己也指挥得了自己"，这便是服务心理学上所说的最佳情绪状态的自我调节。

那么,什么是民航服务人员的最佳情绪状态呢?或者说,旅客要求民航服务人员所具备的情绪状态是什么样的呢?

心理学家认为,工作中的情绪状态可以用不同的颜色来表示。红色:表示非常兴奋;橙色:表示快乐;黄色:表示明快和愉快;绿色:表示安静和沉着;蓝色:表示忧郁和悲伤;紫色:表示焦虑和不满;黑色:表示沮丧和颓废。

根据旅客对民航服务人员实现优质服务时情绪状态的心理需要,民航服务人员在工作中的情绪状态,应该保持在"橙色"到"绿色"之间的状态。具体点说,民航服务人员在接待旅客时的情绪状态,应该以明快和愉快的"黄色"为基调,给旅客一种热情、真诚和精神饱满的感觉。向上可以浮动到"橙色",即快乐,向下可以浮动到"绿色",即安静和沉着。蓝色、紫色和黑色,表示忧郁和悲伤、焦虑和不满、沮丧和颓废。因此,它们显然不是旅客所期望的情绪状态。而红色表示非常兴奋,容易让人忘乎所以,所以,也不能算作最佳状态。由此可见,以明快和愉悦为基调,根据旅客的不同需要和不同情况,在快乐、安静和沉着之间上下浮动,就是民航服务人员在工作中应当保持的最佳情绪状态。

这里需要特别指出的是,最佳情绪状态并不一定完全处于明快和愉悦状态,或以明快和愉悦为基调。例如,旅客丢了东西,民航服务人员就不能表现出愉快的状态;旅客与人发生争吵甚至斗殴,或旅客途中遭遇不幸,民航服务人员也不能表现出愉快的状态。确切一点说,民航服务人员的情绪状态应该是最恰当的情绪状态,也就是最符合旅客需要的情绪状态。用通俗点的话来说,就是该高兴的时候就高兴,该发愁的时候就发愁,该沉重的时候就沉重,该悲伤的时候就悲伤。

(二)民航服务人员最佳情绪状态的自我调节

自我情绪状态的调节和保持方法很多,而且都是心理学上常用的自我情绪调节法。

1. 形象控制法

美好的形象,容易让人感到愉快,让人激动、有信心,而可怕的形象容易让人感到恐惧,让人失去信心。因此,运用形象控制法,就是要用浮现在自己意识中的形象控制自己的情绪。例如，服务人员在对服务接待工作信心不足时，就可以通过想象平时在家里接待朋友时的成功形象，控制自己的情绪，自己的信心也许会因此而得到加强。

2. 矫正联想法

矫正联想法就是用积极的联想，取代消极的联想，使不良情绪得到矫正。

矫正联想法在生活中被广泛运用。例如，排队买足球票，可能要等两三小时，甚至更长的时间，这时人的情绪可能很坏。但是如果联想观看精彩足球比赛时的那种快乐情景，也许会马上"多云转晴"，也就不以排队买票为苦，反以为乐了。

民航服务工作，当然不可能像排队买足球票那么激动人心，但是恰当地运用联想，矫正自己的不愉快情绪，在民航服务工作中还是能够做到的。例如，旅客态度蛮横、百般挑剔，服务人员也许很不高兴，情绪低落，但是为了让旅客感到满意，就必须调节好自己的情绪状态。这时最有效且快速的调节方法，就是矫正联想法。服务人员可以通过因自己热情服务而获得旅客赞赏、领导表扬的情景进行矫正。这样一来，自身的不快情绪也许会马上被愉快情绪所替代。

3. 学习训练法

许多民航服务人员，对自己缺乏信心，容易紧张和不安。例如，第一次面对旅客或在众人中进行讲解，不能轻松自如；又如，第一次接待一个"蛮不讲理"的旅客时，不能应付自如、沉着镇静。这些都属于民航服务人员缺乏信心的表现。心理学原理告诉我们，避免这种紧张和不安的最好办法，就是通过演习训练，调节自己的情绪。

4. 想象训练法

日本"推销之神"原一平称，他在拜访陌生且难于应付的"准顾客"时，往往会做一些准备："例如，与A晤面，就得先描绘A的形象。在我的眼前站着我所描绘的A。我要与A交谈数次，聊天或说笑，有时同声而笑。如此之后，我与A就如数年知己。接着，进入真正的晤面。就A而言，我是他初次见面的人。可我不同，我与A已经是常常相谈甚欢的熟人，亦即所谓的十年知己。"原一平的经验实际上就是巧妙地运用了想象训练法。

**5. 姿态矫正法**

也就是通过姿态的改变，使不良情绪和紧张情绪得以矫正。

**6. 自我暗示法**

心理学家认为，人的情绪在很大程度上受到自我暗示的影响。例如，空中乘务员第一次为旅客服务，当她面对众多的旅客时，也许她的第一个自我暗示就是："糟糕，这么多的人，今天看来要砸锅了！"在这一自我暗示下，情绪立刻发生了波动，人也不由自主地开始紧张，这就是自我暗示的作用。所以，民航服务人员应该采取积极的暗示方法，调节自己的情绪状态。例如，面对众多旅客，空中乘务员完全可以做这样的自我暗示："好家伙，这么多的人，我的演讲才能总算有用武之地了。"这样一来，也许自己的情绪状态会立刻高涨，精神也为之振奋。

**7. 延缓反应法**

也就是通过延缓自己的言行，达到控制自己情绪的一种办法。例如，在面对众多旅客的时候，如果感到紧张就可以采用延缓反应法。先端起茶杯，喝几口水，然后再慢慢地讲。又如，旅客如果追问事情的结果，而服务人员一时还来不及想出恰当的答词，就可以先接一两个电话，经过思考，然后才给予明确的答复。

**8. 全神贯注法**

人的情绪最易受外界环境的影响，为了较好地调节好自己的情绪状态，民航服务人员可以采用全神贯注的方法，排除各种杂念的干扰，以达到忘我的境界。通俗的说法，就是要求民航服务人员少想多做，全神贯注于工作本身。

**9. 宣泄调节法**

人的一生总要遇上这样或那样的变故，因此不可能没有生活压力，也不可能没有烦恼、焦虑、忧伤、愤怒、恐惧等情绪。民航服务人员在工作中总会遇到这样或那样的人，有时难免要受一些委屈和不公。这些委屈和不公，虽然可以暂时忍耐，但却很难依靠忍耐而彻底平衡。而且民航服务人员的工作性质决定了他们要经常处于高度紧张状态，工作压力大，应激水平较高。所以，民航服务人员应该学会宣泄调节，使自己的不快和委

屈，得以宣泄。要正视事实，尽快将负面情绪排除，不能任其滞留在心里并时时困扰自己。比较有效的调节方法是及时转移视线和把负面情绪宣泄出来。如找个合适的地方哭喊一场，向知心朋友"诉说苦衷"，或者用纸笔倾诉心中的难受与愤懑。但宣泄只能对事不对人，以免产生新的矛盾，重生情绪纠葛。

10. 坏处着想法

不怕一万，就怕万一。生活中的许多变故，往往都是由不经意的"万一"引起的。例如，原本准备工作做得很好，谁知打扫卫生时偏偏吸尘器出了故障；原本以为，一个由知识分子组成的团队旅客，理应个个知书达理，谁知偏偏冒出了一个百般挑剔的旅客。民航服务工作之所以出现这样那样的问题，有许多都与民航服务人员想得太好有关。民航服务人员在工作中如果能从坏处着想，早做准备，也许一些措手不及的事情就可以得到避免。例如，第一次接待客人，如果没有充分认识到民航服务接待工作的复杂性，而是想当然地认为，民航服务接待工作简单容易，也许会在实际的接待过程中，因一两个客人的挑剔而措手不及。反之，如果从坏处着想，甚至考虑到最挑剔的客人的接待预案，那么，在实际的接待过程中，就会得心应手、应付自如，至少不至于因客人的有意刁难而显得手足无措，不知如何去应付。

11. 记录分析法

所谓记录分析法，就是指要学会用记日记的形式，把自己每天所产生的情绪记下来。如某天产生了什么情绪，是什么场合和时间，原因是什么，持续了多久。若干天后，记录者对这些日记进行分析，看看积极和消极情绪的产生次数各占多大比例；消极情绪都是一些什么样的情绪，消极情绪产生的原因和时间。做这样的分析，其目的是通过对过去一段时间发生在自己身上的情绪的梳理，进一步选择调节情绪的方法，使负面情绪得以逐渐消除。

12. 幽默法

幽默是一种重要的情绪调节法。有幽默感的人能从别人不经意的地方创造笑料来娱乐自己和他人，调节个人情绪。常言说："笑一笑，十年少；愁一愁，白了头"。笑，尤其是纵情的笑，能够使心、肺、膈、肝等内脏器官得到锻炼，从而清除呼吸系统里的异物，加快血液循环，加速心脏搏动，增强内分泌系统的功能，进而增强免疫能力。另外，由于脏器功能增强，可以刺激大脑产生"儿茶酚胺"激素，激发体内产生天然麻醉剂，帮助减轻疼痛和不舒适感，缓解厌烦、懊恼、忧郁和紧张等情绪。所以，幽默对人很有益处。

13. 简易入睡法

睡眠不足，不能很快入睡或者不能得到充分的休息，这是现代社会困扰人们的常见现象。为此，医生和心理学家提出了许许多多的药理、生理和心理的治疗方法。但是就效果来说，还是以生理和心理治疗为最佳。因此，彻底放松自己的身心，给自己的身体和心灵放一次假的简易入睡疗法，就变得尤为重要。

彻底放松自己的身心，并不是"什么都不要想"，或者"什么都不去想"，因为这既在理论上做不到，在实践中也不现实。人既然是有思维的高级动物，怎么可能什么都不想呢？而且，从实际的情形来看，人们越是要求自己不去想的东西，它越是时时刻刻在自己的脑海里不停地浮现。所以，简易入睡疗法就要求人彻底地由"当事人"转变为"旁观者"。具体有两种操作方法：一种是暂时要有"与我无关"的心态。因为既然现在我已经休息了，那我就什么都不管。另一种是要有"想了也没有用"的心态。比如，民航服务人员在递交了要求脱产读书的申请报告后，左思右想，惦念着申请的批复结果，因而久久不能入睡。这时，最好的入睡方法，就是告诉自己："报告我已经打了，我能做的事情已经做了，至于能不能批准，那是领导的事，不是我想想就能够解决得了的。"这样一来，也许就心平气和了。

控制、调节情绪的方法很多，它们多是经验的总结。民航服务人员要坚持实践，在实践中体会别人经验的长处，总结出一套适合自己的办法，这样就一定能达到控制、调节情绪的目的。

阅读材料 2—25

## 不正常航班服务口诀

航班迟，心焦急，莫将双眉中间挤；寻原因，问时间，信息沟通当迅疾；

先广播，讲事由，真诚致歉把怒息；发报纸，放录像，分散注意是妙计；

时间长，没关系，送水送餐降火气；老年人，小朋友，特殊旅客要熟悉；

勤巡视，多留意，安全监控要警惕；旅客疑，巧应答，耐心解释不要急；

客有难，尽全力，切莫满口承诺其；遇抱怨，多倾听，微笑理解要切记。

（材料来源：《人大经济论坛》，2015 年 7 月 27 日）

**思考与练习**

1. 健康情绪与不良情绪对民航服务产生的不同影响是什么？
2. 情绪的自我调节法是什么？
3. 民航服务人员怎样培养良好的情绪？

# 项目五　民航服务与态度

**本章导读：**

毕业于哈佛大学的美国成功学大师史帝芬·柯维指出："人们都希望获得成功，都在探索成功的奥秘，其实，这应该比你想象中的要简单。因为，我发现那些成功的人们，无论是奥运赛场上的运动员、商界精英、政府领导人还是其他成功人士，他们和普通人中间有着一条明显的界线，我称其为成功者的边界。这个边界并非标示特殊环境或具有高智商，也不是高等教育或天赋异禀的归类，更不是靠时来运转。成功的关键，我认为是态度。"

"态度决定一切"这句名言，非常直观地说明了态度的重要性。因此，对态度的研究，是民航服务心理学的一个重要内容。

**学习目标：**
1. 了解态度的概念、特征及功能。
2. 掌握影响与改变态度的因素。
3. 掌握民航服务的态度要求。

## 任务一　民航旅客的态度与行为

态度对于民航服务行业是至关重要的，服务态度决定服务质量，服务质量的好坏又直接影响着民航企业的发展。因此，只有坚持良好的服务态度，民航企业才能获得良好的发展。

### 一、态度的概念

态度是行为的准备状态，是主体对对象的一种具有内在结构的、稳定的心理准备状况的反映。它可以指导人们的行为，为人们的行为提供动力。态度有三个构成因素，即认知因素、情感因素和行为倾向因素。

（一）认知因素

认知因素是态度持有者对对象的了解和评价，包括个人对对象的理解、认识、赞成或反对等。认知因素是个体思想、价值观和知识经验的集合，是构成态度的基础。例如，有人认为民航服务是一项令人愉快的工作；也有人认为民航服务是辛苦的工作。这两种不同评价，反映出人们对民航服务工作价值的认识差别。

（二）情感因素

情感因素是主体对对象的情绪反应，即对某一类事物喜欢或厌恶的体验程度。情感因素随着认知因素的产生而产生，随着认知因素的发展变化而变化，它在态度结构中起到核心动力的作用，能够反映出认识评价状况并促成行为倾向。例如，对民航服务持积极肯定态度的旅客在面对民航服务人员的工作时，往往会给予理解和配合；而对民航服务抱有消极怀疑态度的旅客则会对服务人员的工作进行抵制，甚至做出语言或肢体上的过激行为。

### (三)行为倾向因素

行为倾向因素是由认知因素和情感因素所决定的,它既是对客体的反应倾向和行动前的思想倾向,也是行动前的直接准备状态,以指导态度主体对客体做出反应。行为倾向因素在态度结构中起到表达态度的准备作用。例如,热爱民航服务事业的人希望能从事民航服务工作,实现自己的理想;而轻视民航服务工作的人则不会选择这项工作。

认知、情感和行为倾向因素,是构成态度的三种因素,它们之间既有区别又有联系。其具体表现如下。

区别:认知因素是态度形成与改变的基础,情感因素是态度的核心动力,行为倾向是态度的表达准备。

联系:当个体对态度对象产生一定的认识和评价时,就会产生一定的情感体验,从而产生要表现的行为倾向。例如,某旅客认为某航班上的乘务人员服务态度不好(认识)→旅客对飞机上的乘务人员不太喜欢(情感)→旅客不愿意与乘务人员接触,今后不愿意乘坐该航空公司的航班(行为倾向)。

## 二、态度的特征

### (一)态度的社会性

态度,是社会化过程中,个体在学习、工作中逐渐形成的一种意识倾向。它不仅受环境影响,还会影响环境,并在这个过程中得到改进和丰富。因此,每个人的态度都具有社会性。

### (二)态度的对象性

态度,总是有对象的,总是指向某一事物的。这里的事物可以是具体的人、团体、组织、事件、物体,也可以是一种现象、状态、思想和观念。总之,没有对象的态度是不存在的。

### (三)态度的强度

态度的强度是指态度的力量,即肯定或否定的程度。一般来说,越是强烈的态度,就越难以改变。美国学者凯尔曼(Kelman,1958)按照态度的强弱程度,将其分为容忍、认同和内化三个层次。

1. 容忍

容忍往往是人们出于趋利避害的考虑而做出的应对策略，它通常是暂时的。一旦人们的行为不再受限制或有其他不同的选择，人们的态度就很可能发生变化。例如，旅客购买机票时发现自己喜欢乘坐的航空公司的航班机票已售完，而其他航空公司航班仍有余票，所以只好选择其他航空公司的航班来满足自己的出行需求。

2. 认同

认同心理来自人们对他人或其他群体的模仿心理。如广告就是借助人们的认同心理来实现其宣传目的、达到预期效果的。

**阅读材料**2-26：

### 前NBA篮球明星代言海南航空

前NBA巨星、有"手套"之称的加里·佩顿先生来到北京，以海航"北京—西雅图航线"形象代言人的身份正式展开中美新航线中国推广之旅。此后的一周时间里，加里·佩顿先生将辗转北京、上海进行一系列的"北京—西雅图航线"的推广宣传工作。NBA巨星加里·佩顿的加盟，打破了航空界以往的宣传推广模式，为新航线增色不少。海航的这一举措，不仅开创了国内航线"体育营销""明星代言"的新思路，也显示出海航迈向国际化的雄心。

（材料来源：人民网，2008年7月16日）

3. 内化

内化是态度形成的最后阶段，是人真正从内心相信并接受他人（信仰价值）的观点，并将之纳入自己的态度体系，成为自己态度体系的有机组成部分。

（四）态度的稳定性

态度是在长时间的社会生活实践中形成的，与人的理想、信念、世界观、人生观、价值观有着紧密的联系。态度一旦形成，将会持续相当一段时间而难以改变，并成为个性人格的一个部分，使个体在反应模式上表现出一定的规律性、习惯性，以方便个体对社会的适应。要使态度随着时间

的推移而不断加强,还需要有三个方面的因素作为保障,即态度的结构、态度的因果关系和态度的相同性。

1. 态度的结构

人们对于相似对象所持的同类态度上存在某种结构,一旦这种结构形成,态度就不容易发生改变。

2. 态度的因果关系

当了解到某件事物是另一件事物的直接原因时,人们的态度往往也会随之加强并变得稳定。例如,旅客对航空公司和机场的态度往往取决于他们与预订机票的服务人员、机场值机人员和航班机组人员的交往状况。如果旅客感受到的服务是友好的、热情周到的,旅客也会用同样的态度来回报、认可或赞扬航空公司的服务。

3. 态度的相同性

态度的相同性是指人们发现其他人所持有的态度与自己所持有的态度相同时,这种态度就会因此得到加强和巩固。例如,新加坡樟宜国际机场曾连续六年被评为世界最佳机场,当人们对这个五星级的机场持有积极肯定的态度时,也同样会发现其他人与本人所持的态度相同,那么人们就会对这种肯定的态度予以加强,从而趋于稳定。

### (五)态度的不稳定性

态度既具有稳定性,同时也具有不稳定性,会随着各种条件的变化而改变。态度的不稳定性大致表现在以下三个方面。

1. 态度的冲突

每个人对某种事件持有不同的态度,这就是态度的冲突。例如,从四川成都前往九寨沟旅游时,游客有汽车和飞机两种交通工具可以选择。乘坐汽车单程大概需要7个小时,价格相对便宜;乘坐飞机单程只需45分钟,但是价格昂贵。当游客在面临这种选择时,往往会衡量时间和价格的权重,从而做出不同的选择。

2. 情景的变化

人们所处的情景总是不断地发生变化,人们的行为也往往千差万别。虽然行为说明态度,但是人的行为是受许多不同因素影响的,并不只是受态度的影响。

3. 特殊的经历

所谓"一朝被蛇咬,十年怕井绳"。人们在经过一次或多次特殊的事件经历后,之前已经形成的某种态度会发生显著的变化。例如,旅客经历过由于飞机机械故障而引起的紧急着陆或在高空遭遇强气流致使的强烈颠簸后,就可能对飞机的安全性持怀疑或否定态度。

### 三、态度的功能

态度不是与生俱来的,它是个体在长期的生活中,在与他人的相互作用和接受环境影响中逐步形成的。态度是构成人们行为的重要因素,在保持人们生活方式的连贯性等方面,具有重要作用。心理学家卡茨和奥斯卡姆普等认为,态度有四种基本功能,即适应功能、自我防御功能、价值表现功能、认识或理解功能。

(一)适应功能

适应功能是指人的态度都是在适应环境的过程中形成的,并且在某一具体环境的作用下,该态度在形成后具有更好地适应环境的作用。人是社会性的生物,因此适当的态度有助于人们从重要的人物(双亲、老师、雇主及朋友等)或群体那里获得认同、赞美、奖励与和谐的人际关系。

(二)自我防御功能

态度作为一种自卫机制,能让人在受到贬抑或处于危机时保护自己。例如,有的人出于安全的考虑,出行时一般不会选择乘坐飞机,即便乘坐飞机,也很关心飞行的安全可靠程度,这就是态度的自我防御功能。

(三)价值表现功能

在很多情况下,特有的态度代表一个人的价值观和自我意识。例如,飞机的头等舱象征着地位和身份,旅客对头等舱持肯定态度,就意味着他认同头等舱所代表的身份价值。

(四)认识或理解功能

态度能给个体待人接物的行为方式提供必要的信念,以利于自己保持清醒的意识状态和做出正确的定向行为。定向行为具有能动性,它是从经验中获得的,并随情境的变化而变化。人们通常会根据对方的态度去判断

他人，这显然是态度认识功能的反映。态度的认识或理解功能，在人际关系中表现为人际相容和人际排斥，人际选择时的自觉性、主动性和积极性，人际交往时的目的性、针对性和协调性。

**四、影响态度形成与改变的因素**

人的态度对人的行为、认知、情感等都有直接的影响，人对劳动、工作的态度，与人的积极性密切相关。因而，做好民航服务工作，掌握旅客的态度形成的规律，培养民航服务人员对本职工作、对组织、对航空公司及企业等的积极态度，对提高管理服务质量是有益的。

（一）影响态度形成的因素

影响态度形成的因素很多，主要有社会认知、个体的知识与所获得的信息、个性心理、人的活动范围和交往对象、所属团体的影响等。下面从两个方面叙述这些因素对人的态度形成的影响。

1. 个体主观方面的因素

（1）社会认知对态度形成的影响

社会认知是指人对社会对象的了解、判断和分析。社会对象是人或由人组成的群体及组织，所以社会认知还可分为对人的认知、对人际关系的认知、对群体特性的认知，以及对社会事件因果关系的认知，等等。社会认知是人的各种社会态度形成的最重要的基础。对人、对组织、对社会事件等的社会认知是深刻还是肤浅，是全面还是片面，直接影响着人形成什么样的态度。因而，要掌握态度形成的一般规律，系统了解获得社会认知的途径、社会认知的特点以及获得正确的社会认知的方法是很必要的。

（2）个体的知识与所获得的信息对态度形成的影响

人的态度的形成是以人的认识方面的心理活动为基础的。人对社会中的人、组织和其他社会现象的态度直接受社会认知的影响，人对自然界万物的态度也受人对自然认识活动的影响。而人对自然界和人类社会万物的认识过程，又是在已有的知识经验的基础上进行的。所以，人们已有的知识经验，必然影响着人的态度的形成。

（3）个性心理对态度形成的影响

人的个性心理包括两方面的内容：一是个性倾向性，如需要、动机、兴趣、信念、世界观等；一是个性心理特征，如能力、气质、性格等。个性心理是人在后天的环境影响下，在长期的社会实践中形成的比较稳定的、具有一定倾向性的心理特征的总和，它对人的态度形成的影响是比较广泛的。

①需要对态度形成的影响。

人的行为反应是在外界刺激的作用下由需要引起的，是为了满足需要而发动的。态度是人对事物的比较稳定的心理反应倾向，所以它的形成必然在很大程度上受人的需要的影响。一般情况下，人们对能满足自己需要，对自己达成目标行为有利的事物，都会持肯定性的态度，如赞同、拥护、喜爱等；而对违背自己的愿望，不利于自己实现目标、满足需要的事物，人们就会持否定性态度，如反对、憎恶等。例如，如果航空公司提供的服务能够有效地满足旅客的需求，旅客就会对其持满意的态度；如在服务过程中出现失误，旅客则会对其持不满意甚至是否定的态度。

②兴趣、信念、世界观以及人生价值观等对态度形成的影响。

个性倾向中的兴趣、信念、世界观以及人生价值观对人的态度的形成具有明显的影响，尤其是信念、世界观、人生价值观，被认为是态度形成的深层因素，态度形成的重要基础。人对有兴趣的事物很容易形成肯定的态度。

人生价值观是一个人对客观事物的意义和重要性的总评价。人的价值观直接受人的优势需要及需要结构的制约。一个人的某种需要特别强烈的时候，能满足这种需要的事物，即使平时显得无关紧要，此时在人的主观上也会具有很高的价值，能引起人的肯定性态度。例如，当民航服务人员辛辛苦苦地为旅客提供服务工作，却不被人理解，甚至引起许多人的误解，这时，如果上级领导或同事能对其讲一番表示理解支持的话，该服务人员对这个领导或同事就很容易形成肯定的态度。

③个性心理特征对态度形成的影响。

人的气质类型影响着人对客观刺激的反应的强弱和态度变化的快慢等。人的气质方面的一些特征对人的态度的形成也会发生影响。如一般情况下，抑郁质的人比胆汁质的人更容易形成对某些有伤害危险的事物的惧怕态度，多血质的人比黏液质的人某种态度的形成和转变相对快些。人的

能力特点、能力水平及性格特征是影响其态度形成的重要的个性心理因素。例如，分析水平高的人，善于把握新信息、新动态，容易形成某方面的新态度；分析能力差的人则容易固执己见、墨守成规。独立性很强的人不容易接受他人劝告，也不易受他人行为的影响，形成新态度一般要难些、慢些；而依赖性强的人态度稳定性差，态度既容易形成，也容易改变。

2. 客观环境方面的因素

（1）人的活动范围和交往对象对态度形成的影响

一个人的态度总是在一定活动之中形成和发展变化的。人在学习活动、社会活动等活动范围中所接受的家庭环境影响、学校教育影响和社会环境影响，是人的态度形成的基本的客观因素。在人的各种各样的活动中，有利于活动进行并被环境所认同的态度会不断地得到强化，变得越来越稳固。

（2）团体对态度形成的影响

人总是生活在各种团体之中的，如家庭、学校、工厂、机关等。团体能够满足人的多方面需要，使个体产生一种归属感和认同感，这种归属感或认同感使个体愿意遵循团体的规范，自然地形成与团体一致的态度。例如，某团队旅客的集体主义观念很强，对损害团体荣誉的行为，人人都持反对、蔑视的态度，民航服务人员在为团队旅客服务时就要特别注意服务技巧，以免引起团队旅客的不满。

（3）偶发性经验对态度形成的影响

在人们的生活历程中，对人们影响深刻的偶发性经验，也会影响人们对某一类事物的态度的形成。

（二）影响态度改变的因素

态度的形成是指人对某些事物从不曾持有态度到出现某种态度，而态度的改变是指人在对事物已有态度的基础上发生的一定变化。

态度的改变分为两种：一种是一致性的改变，指方向不变而仅仅改变原有态度的强度，即量变。如对某事由有点反对（或有点赞成）变得非常反对（或很赞成），或对某人由热爱（或憎恶）降为一般的喜爱（或反感）。另一种是不一致的改变，指以性质相反的新态度取代原有的态度，或说是方向性的改变，即质变。如对某事的态度由反对变为赞同，对某人由喜爱变为厌恶等。通常所谓态度改变更多的是指后者，即方向性的转变。当然，强度的变化有引起方向性改变的可能，而方向性改变中也包括强度的变化，两者是彼此关联和互相包容的。同样，态度的形成与态度的改变之间也存在这种辩证关系，因为态度形成就意味有改变的可能，而态度改变也意味着新态度的形成。影响态度改变的因素也是多方面的，主要从以下两个方面来表现。

1. 态度主体各因素对态度改变的影响

（1）原来的态度

人们自幼形成或通过模仿、学习并且已经定型的态度不容易改变。

（2）智力与个性

人们智力水平的高低主要体现在理解能力和分析能力上。智力水平高的人能按照个人想法去分析和判断态度形成的依据，有一种主动性；而智力水平不高的人往往缺乏有力的分析和判断力，易受暗示，有一种被动性。

俗话说："江山易改，本性难移。"个性的特点影响着态度形成的难易和稳定性，这些前面已经探讨过，这里从略。

（3）团体归属感

团体归属感是指团体中的成员都有隶属这个团体的感觉。这种心理产生是由于人的本性需要所致，即生活在社会中的人渴求他人的友谊，需要得到他人的承认；个人的能力、才华的展现均需要在团体中才能实现。对所属团体归属感强的人们，改变他们与所属团体一致的态度较困难；相反则比较容易。

2. 宣传主体各因素对态度改变的影响

宣传主体（信息发出者）也会直接影响到态度主体（信息接收者）态度改变的难易程度。

（1）专长与权威、能力与风度

宣传主体的专长与权威、能力与风度等特点对态度主体的改变有较大的影响。这是因为态度主体普遍对专家、权威者或人格魅力高的人持认可态度，不仅认为他们所提供的信息可信度高，还会积极地去理解、评价宣

传内容，进而有力地促使态度主体改变态度。所以大多数的广告商都会聘请公众关注度高的专家或明星来宣传、推广产品。

（2）人际关系与受欢迎程度

宣传主体与态度主体之间的关系是否密切，反映出双方心理情感距离的远近，直接影响态度主体对宣传主体的态度，以及对宣传内容的评价。因此，人际关系与受欢迎程度至关重要。心理学家常常这样解释人际关系对改变态度的作用：如果你要别人相信你是对的，并且按照你的意思办事，那么首先必须要让别人喜欢你，否则你的尝试就会失败。这就是好感反应效应。态度主体对宣传主体有好感，就比较容易产生态度上的变化。

为了避免和削弱态度主体在态度转变中的对立或抵制情绪，宣传主体通常有两种宣传方式。

①名片效应。

宣传主体首先会在阐述个人的基本观点之前，先表明自己在许多问题上与态度主体有相同的看法，使态度主体产生亲切感，拉近双方的情感距离，然后再因势利导，引出自己的观点，使宣传内容更容易被态度主体接受。

②自己人效应。

宣传主体首先表明自己在职业、民族、性格或经历等方面与态度主体有相似之处，以此来缩短双方的心理距离，从而使态度主体自然而然地倾向于自己，愿意接受宣传主体提供的内容信息，进而改变态度。

（3）宣传内容与宣传方式

要想让态度主体改变其原来的态度，除了要先获得态度主体的认可外，其宣传内容和宣传方式也极其重要，因为这涉及实质性的内容，是态度主体的利益所在。

①宣传内容。

宣传内容的真实性。宣传主体提供正确、真实的信息，往往更容易被人接受，并改变原有的态度。曾经有这样一个案例：北京准备飞往上海的某航班，在乘客全部登机后由于流量控制晚点。虽然起飞时间数次被推迟，但机长诚实地向乘客说明晚点原因，得到了乘客的理解。

宣传内容的全面性。宣传主体提供的信息是正面（单面）或是正反面

（双面）的，都会对态度主体的态度改变产生影响。第一，如果态度主体原有态度与宣传主体宣传的目的具有一致性，做正面宣传的效果更好，更容易巩固态度主体原有的态度；如果态度主体与宣传主体的目的相反，则需要做正反两方面的宣传，对反面观点进行批判，使态度主体充分信任正面观点而改变态度。第二，如果态度主体文化水平、分析能力较强，可以同时提供正反两面的观点，让他们在全面的信息基础上做出分析，得出正确判断从而改变态度；相反，则只需提供正面观点。第三，如果宣传主体急于解决问题，最好只提供正面信息，以求尽快改变态度主体的态度；如果宣传目的是让态度主体彻底改变原有态度，形成稳定的新态度，则应提供正反两方面信息，并引导态度主体做分析和比较，以利于目的的达到。

②宣传方式。

不同的宣传方式所达到的宣传效果也不同。常用的宣传方式有书面宣传、口头宣传、图文展览等，要选择态度主体能够经常接触的，并运用他们熟悉的交流方式来传递信息内容的宣传方式，这样才有利于他们接受新信息而改变态度。

（4）态度主体的逆反心理

宣传主体的宣传目的在于改变态度主体的态度，建立起与自己一致的态度。有时宣传活动使态度主体态度向宣传主体期望相反的方向变化或依然持原有态度，就产生了逆反心理现象。对于逆反型接受者来说，只要是宣传内容和其已有的态度有较大的差距，或信息内容过量，或宣传者没有权威性，那么他们就会对这些宣传内容加以抵制。这种抵制有时是无意识的，有时是有意识的，在大多数场合，还会随着信息量的增加而加强。所以，宣传主体首先要端正自己的态度，不能只要求别人不要求自己；其次要站在公平、公正的角度实事求是地进行宣传，不能极端或偏激；最后要做到有理、有据、有节地宣传，引导态度主体识别好坏，提高认识能力。

## 任务二　态度在民航服务中的应用

态度的稳定性并不代表态度是一成不变的，随着外界条件及个体因素的变化，态度可以发生改变。航空公司可以在服务理念、服务技巧等方面不断创新,通过改变自身的态度来改变旅客的态度,从而给旅客留下良好而深刻的印象。

**阅读材料 2-27:**

态度改变一切

美国社会心理学家马斯洛说:"心若改变,你的态度跟着改变;态度改变,你的习惯跟着改变;习惯改变,你的性格跟着改变;性格改变,你的人生跟着改变。"在最近处理的几起投诉事件中,我深刻地体会到了这一点。

一次,一位海归学者对安检工作提出投诉,领导把处理投诉的任务交给了我。我在与旅客进行沟通之前,先上网搜索了他的相关情况,做了充分的准备。我给旅客打去电话:"喂,您好!"可是我听到的却是一声断喝:"怎么这么没礼貌,谁教你打电话用'喂'字开头的?"我心里一惊,立刻意识到自己的失误,我赶忙真诚地向他道歉,这样才得以继续与他通话。

这名旅客身份地位较高,希望别人对他十分尊重,我一个很平常的"喂"字,在他听来却非常刺耳,一个小小的失误使我得到了深刻的教训。在后面的沟通中,我抓住了他的这种心理,通过他的口音判断他是东北人,开始用东北话与他亲切交谈。

"王大哥,听您的口音是东北人吧?很高兴认识您。"

"你怎么知道我是东北人?"

"我也是东北人,和您是老乡啊,听到您的东北口音感到非常亲切。"

听到我尊重地称呼他大哥,加上我的乡音,他的语气顿时缓和下来,和我唠起了嗑。"我在网上看过您的事迹介绍,您在学术领域取得了很大的成就,能认识您是我的荣幸。您来到南京机场,就是我们最尊贵的客人。由于安检人员太年轻,处理问题时缺乏经验和冷静的态度,给您带来的不便,还请您原谅。领导责成我在此对您表达真诚的歉意。您是位学者,对年轻人来说又是位长者,希望您能给年轻人改正错误的机会,也感谢您对我们的工作提出宝贵的意见。"

在近一个小时的通话中,虽然已经是口干舌燥,但我始终面带微笑,想尽办法努力消解他心中的不满和怨气,最终他承认自己先开口骂人不对,并对安检工作表示理解和谅解。事后这位旅客给我发来短信:"小齐,非常感谢你代表南京机场安检部给我打来道歉电话,对你耐心的服务态度我很赞赏,欢迎你来青岛游玩。"这条短信至今仍保存在我的手机中。

通过这件事,我认识到在日常服务工作中,一些很小的事情,如我们说话的语气,不经意的动作,就会引起旅客的不满和投诉。记得有一次,一名商务旅客由于安检人员把他脱下的外套放入衣帽筐时没有叠整齐而提出投诉。因此,我们必须不断完善服务细节,用一声亲切的问候,一个甜甜的微笑,拉近旅客与我们之间的距离,让旅客体会到我们的真诚和善意。

民航服务工作的性质就决定了民航服务人员在为旅客提供服务时,必须有良好的、正确的态度,这样才能让旅客感到满意。

## 一、民航服务人员的态度要求

民航服务态度是民航服务人员在对旅客服务过程中体现出来的主观意向和心理状态,其好坏直接影响到旅客的心理感受。服务态度取决于员工的主动性、创造性、积极性、责任感。其具体要求如下。

(一)主动

民航服务人员应牢固树立"旅客至上、服务第一"的专业意识,在服务工作中应以主人翁的心态,时时刻刻为旅客着想,表现出一种主动、积极的情绪,凡是旅客提出的要求,不论分内、分外,均应主动、及时地予以回应,做到眼勤、口勤、手勤、脚勤、心勤,把服务工作做在旅客开口之前。

(二)热情

民航服务人员在服务工作中应热爱本职工作,热爱自己的服务对象,给旅客一种宾至如归的感觉。

1. 外观形象整洁端庄、朴素大方

民航服务人员的仪表是旅客产生第一印象的基础。民航服务人员整洁合体、美观大方的服饰和文雅庄重的仪态，不仅能给旅客带来清新明快、朴素稳重的第一印象，还能让旅客产生不同程度的信任感，有利于服务工作的开展。

图2—14　民航服务人员的仪表展示

2. 热情礼貌、一视同仁

（1）应对每位旅客提供微笑服务；

（2）应将每项工作、每次微小的服务都做得十分出色；

（3）应随时准备好为旅客服务；

（4）应将每位旅客都看成需要提供优质服务的贵宾；

（5）在每一次接待服务结束时，都要真诚地邀请旅客再次光临；

（6）努力营造出让旅客觉得服务人员很热情的氛围；

（7）每一位员工都应热情地关注旅客，适应旅客心理，询问旅客要求；

（8）提供有效服务，讲究工作效率，满足其合理的要求。

3. 准确使用口头语言

民航服务人员在为旅客提供服务时应使用规范的语言，做到语气自然平和、不卑不亢；语速不快不慢、张弛有度；语音清脆有力、口齿清晰；多使用敬语和谦称，以表达对旅客的尊重。

4. 合理使用肢体语言

民航服务人员在与旅客交流沟通时，如果能够合理地使用肢体语言，能收到更好的沟通效果。尤其是在面对残障旅客的时候，肢体语言的表达显得格外重要。例如，深圳航空公司（简称"深航"）于2006年在国内率先推出机上手语表演，乘务员通过《感恩的心》《相亲相爱一家人》等手语表演，通过心与心的交流向旅客传递真情。机上手语表演一经推出，便成为旅客陶冶情操、愉悦身心、感恩社会的有益活动。深航乘务员还专门为残障旅客提供手语服务，一位乘坐深航航班的残障旅客在得到手语服务后，被深航给予残障人士的尊重和关爱深深感动，为深航乘务员写下了热情洋溢的感谢信，"深航的空姐能这么熟练地使用手语与我们弱势群体进行沟通，你们肯定下了很多工夫来学习这些手语的表达，你们很棒也很优秀！"

阅读材料 2-28：

## 美丽笑容在岗位上绽放

2010年9月，重庆江北国际机场（简称"重庆机场"）航站楼管理部为进一步改进服务方式、规范服务行为、创新服务载体、优化服务环境，在候机楼开展"展示温馨服务，绽放美丽笑容"优质服务竞赛活动，为期三个月。中国国际航空股份有限公司（Air China Limited，简称"国航"）重庆分公司地面服务部作为重庆机场主要驻场单位之一，立即号召全体人员积极投入到该项活动中，旨在通过开展此项活动，使广大基层服务工作者增强服务大局意识和责任意识，端正服务态度，增强服务能力，提高队伍整体素质，展示国航窗口服务形象，提升服务品质，大力推进国航规范化服务一致性工作。

在这次活动中，屈艳容同志用她甜美的微笑，真诚的服务态度，获得了该项活动的月度服务明星称号。屈艳容总能站在旅客的角度设身处地地处理问题，同样的话无论说多少遍，她都耐心如初。若遇到航班不正常或性情暴躁的旅客，她不急不恼，一面耐心倾听，一面温和地安抚，认真为旅客答疑释难，她把委屈的泪水留在心里，真诚的微笑献给了旅客。当旅客怒气冲冲，大声抱怨时，她心平气和、温文尔雅；当旅客态度生硬，不依不饶时，她彬彬有礼、以礼相待；当旅客不满或误解时，她设身处地为旅客着想。就这样,她的每一次微笑、每一次服务如春风吹拂了旅客的心,化解了旅客的误解,平息了旅客的怒气。

10月12日,一位乘坐CA1430至北京的头等舱旅客张先生,因购票时用的是护照,但在实际办理乘机手续时出示的却是身份证,造成其实际的证件号码与离港系统中的证件号码不符的情况。按照规定,这种情况下值机员是不能为旅客办理乘机手续的。当时,屈艳容没有简单地给张先生说不能办,而是建议他联系购票处进行更改,但张先生非常不理解,不仅强行要求给自己办理乘机手续,而且语言粗俗。屈艳容意识到此时再耐心地解释也不能解决问题,客人有可能是遇到了其他不顺心的事。于是她一边安抚张先生,一边通知值班主管协助查找旅客购票处的电话并通知其更改旅客证件号码,将张先生的证件号码在系统内进行了更改。当张先生接到屈艳容双手递过的登机牌时,主动向屈艳容致歉,并赞扬了她主动、优质的微笑服务。

微笑是一种境界,将"微笑服务内化于心、外化于行"是服务行业的最高境界。我们所有服务岗位人员都应向屈艳容同志学习,每天都以一颗快乐的心面对工作,服务旅客,在岗位上绽放美丽的笑容,为旅客提供温馨的服务,展示国航人优雅的仪容仪态。作为一名国航的服务人员,我们应当具备这样一种职业素养和境界。

(材料来源:民航资源网,2010年11月19日)

(三)耐心

民航服务人员在为各种不同类型的旅客服务时,应有耐心,不急躁、不厌烦,态度和蔼。民航服务人员应善于揣摩旅客的心理,对于他们提出的所有问题,都应耐心解答,百问不厌;并能虚心听取旅客的意见和建议,对事情不推诿。这就需要民航服务人员做到以下几点:

第一,从工作实践中不断培养锻炼,提高自身的素质修养,保持平静的心态,防止急躁情绪的出现。

第二,要杜绝满不在乎和不耐烦的态度,摒弃傲慢行为,对挑剔的旅客也要微笑服务。

第三,与旅客发生误会和争执时,要心平气和,冷静理智地予以解释，妥善地化解矛盾。遇到旅客态度粗暴、语气生硬时，要坚持以礼相待，以理相劝，切忌使用粗暴的言行，致使矛盾升级，酿成恶性事件。

（四）周到

航空服务人员应将服务工作做得细致入微、面面俱到、周密妥帖。在服务前，航空服务人员应做好充分的准备工作，对服务工作要有细致、周到的计划；在服务时，应仔细观察，及时发现并满足旅客的需求；在服务结束时，应认真征求旅客的意见或建议，并及时反馈，以便今后将服务工作做得更好。

## 二、改变旅客的知觉

态度的改变离不开知觉，新的知觉可以引起态度的改变。

阅读材料 2-29：

### 新加坡航空公司的热情服务

新加坡航空公司（简称"新航"）在 20 年间 19 次获得《康德纳斯特旅行家》[*Conde Nast Traveller* (UK)] 杂志颁发的"最佳国际航空公司奖"，2007 年被评为五星级航空公司（全世界只有六家航空公司获此殊荣）及年度最佳航空公司。新航的服务准则是对所有乘客一视同仁地施以关心，以礼相待，在一切微小的服务细节中给乘客留下难忘的印象，并树立公司的整体形象。新航的优质服务，使乘客从进入机场起就感觉到如同在热情的主人家中做客一般。乘客在座位上刚坐定，乘务员就持衣架来到身边，和蔼地询问乘客是否要把上衣脱下挂起来；飞机起飞之前，乘务员又送来热毛巾，端来一杯饮料，送上插着牙签的小点心请乘客选用。

这种优质和富有新意的服务很容易引起旅客态度知觉的改变，从而越来越信任新加坡航空公司。

（材料来源：feiyoo.com，2009 年 10 月 13 日）

### 三、改变旅客的知识积累和信息积累

（一）加大宣传力度，激发旅客的潜在动机

航空服务人员应激发旅客的潜在动机，强化旅客某方面的态度，从而影响其行为。例如，人们一贯认为乘坐飞机价格昂贵，所以多数人选择乘坐火车或汽车出行。近年来，随着人们生活水平的提高，越来越多的人能够承受机票的价格。因此航空公司要大力宣传，不断实施新的措施来吸引旅客，以改变旅客的传统观点。

阅读材料 2-30：

#### 航空市场的潜在客源

在人们的印象中，外地民工节日期间返乡，大都乘坐条件较差的绿皮火车，拥挤在水泄不通的硬座车厢里。然而，近年来，在各级政府的关怀下，我国外出民工的收入逐年增多，他们坐飞机已不再是什么梦想。不少从外地返乡的重庆民工最近开始乘飞机返乡过年。在重庆江北国际机场，从昆明、广州、深圳等城市坐飞机返渝的外出务工者开始增多，每天接近千人次。

越来越多的民工之所以坐飞机返乡，机票折扣大是一个重要原因。目前执行的机票价已经比火车软卧便宜不少。另外，乘客旅途上花费的时间往往比火车少几十个小时，享受的服务也更好。

（材料来源：中国新闻网，2000 年 1 月 10 日）

（二）加大维护旅客利益的力度

根据相关调查，旅客的一些偏见和误解与旅客所知道的信息和掌握的知识的多少有直接联系。得到信息较少的旅客，其态度较难改变，而对于那些已经积累了相当多的知识信息的旅客，其态度就较容易得到改变。例如，许多旅客都认为现行的机票行程单上的时间是航班的起飞时间，一旦过了这个时间而飞机没有起飞，就会认为是航班延误，从而导致不满情绪的产生。实际上，机票上的时间并不是指航班的起飞时间，而是指飞机关舱门的时间。通常情况下，航班在规定时间关闭舱门后，机组便向空管塔台发出起飞申请，得到批准后才能起飞。为了维护旅客的权益，民航部门对各个航班关闭舱门的时间做了规定，以确保飞行秩序的稳定。

**阅读材料 2-31：**

### 正常航班要正点关机舱门并在 20 分钟内起飞

新制定的《民航航班正常统计办法》于 2004 年 1 月 1 日起开始在全民航系统实施。中国民航局称，航班能否保证正点是广大旅客普遍关心的问题，实施新的航班正常统计办法将最大限度地保护旅客的利益。

据介绍，该办法包括两方面内容：

一是对航空公司航班正常性进行考核，即航空公司定期公布客运航班正常率。正常航班为按航班时刻表公布的离港时间（机票所注明的时间为起飞时间）关舱门，并在关门后 15 分钟内正常起飞的航班。考虑到北京、上海、广州、深圳等机场地面滑行比较复杂，从这些机场起飞的航班在机舱门关闭 20 分钟内起飞为正常航班。

二是考核机场地面综合服务保障能力的机场放行正常率，即考核机场候机楼、跑道、滑行道、停机坪、油料、机务、联检等地面综合服务保障部门，在规定的各机型航班过站时间内完成各项地面服务保障工作的航班。

（材料来源：中国新闻网，2004 年 1 月 5 日）

（三）加快服务创新，提供特色服务

随着科学技术的不断发展以及服务意识的不断深化，民航旅客希望得到更多、更新奇的旅行体验。因此，加快服务创新，提供特色服务就成了航空公司制胜的法宝。服务创新就是使潜在用户感受到不同于从前的崭新内容。通过为用户提供以前没有能实现的新颖服务，吸引旅客的注意力。

**阅读材料 2-32：**

### 海航特色精品服务

1. "幸运之旅"献爱心

海航本着"为社会做点事，为他人做点事"的企业理念，在客舱内推出了"幸运之旅"机票娱乐竞拍游戏。竞价的机票从 10 元起价，最高竞价为机票的全票价。海航将竞价机票所得收入除一部分以奖品的形式回馈给旅客之外,大部分用于社会公益事业。虽然一个航班只有一张竞拍机票,但这张小小的机票见证了海航和旅客的一份爱心。该活动开展五年多来,海航的爱心行动从地面到空中,遍及全国各地,受到了社会各界的赞誉。

2. "爱心天使"伴你行

为了最大限度地满足特殊旅客的特殊服务需求,海航在航班上推出了专职的"爱心天使"乘务员,在航班中全程挂牌上岗,并体现"爱心天使"的"五好"服务,即当好老年旅客的好儿女,当小旅客的好阿姨,当病患旅客的好护士,当行动不便者的好帮手,当初次乘机者的好向导。为提醒旅客预防经济舱综合征,"爱心天使"乘务员引导全体旅客做"经济舱放松操"运动,"经济舱放松操"在国内民航服务界属"一招鲜",以其实用、新颖、独特,成为国内空中服务独树一帜的服务形式,也体现了海航主动、细致、亲切及个性化的服务特色,受到广大旅客的喜爱。

3. "红十字会急救员"保平安

为使旅客度过一个安全、快捷、舒适的空中旅行,使海航真正成为旅客信赖的航空公司,2004年6月,海航推出了"红十字会急救员"特色服务,向旅客提供旅行小常识、日常保健知识等方面的咨询。通过细微服务,加强与旅客的沟通交流,给予旅客安全的旅行享受,对身体不适的旅客提供专业的"天使"服务。这在国内航空业创造了新的服务亮点,提升了海航的服务品牌知名度。

4. "瑜伽放松操"健康行

如果你在飞机客舱中坐久了感觉全身不适,不要紧,海航乘务员会带你一起做"瑜伽放松操",活络你的筋骨,舒缓你疲惫的腰身,愉悦你的身心,让你轻松度过漫长的旅途。加上乘务员甜美的微笑和真挚的关怀,相信你一定会拥有愉快的旅程。

5. "家居式服务",享受家的温馨

海航"家居式服务"在民航领域满足旅客个性化服务的竞争中脱颖而出。在海航支线航班上,乘务员就是每个家的主人,除了基本的餐饮和安全服务之外,"家"中常备十项特色服务:每日历史回顾、自助餐式服务、到达站概述、谈心服务和提供旅行(商务)咨询服务等,让旅客充分享受和家里一样的轻松和舒适。乘务员自然而不造作、随意而不懈怠、高雅而不轻浮的服务深受旅客的欢迎。

（材料来源：新浪财经网，2006 年 11 月 21 日）

**阅读材料 2—33：**

## 英国维珍航空的创新服务

成立于 1984 年的英国维珍航空公司（Virgin Atlantic Airways，简称"维珍航空"），现已成为英国第二大航空公司，其航线网络遍及世界各大城市。英国最具风云的跨界商人理查德·布兰森创立的维珍航空具有典型的传奇色彩：从一个名不见经传的小航空公司成长为众人赞扬的行业巨擘，而这一华丽转身，仅仅用了不到二十年的时间。维珍航空时刻关注为旅客提供更好的服务和推出更低廉的价格，不断开发高质量、创新性的产品，并因此而声誉卓著。

维珍航空的宗旨简单明了："为各等级旅客提供收费相宜但最高水平的创新服务。"维珍航空备受各界人士的青睐，曾获得全世界商业、消费业和航空业的各种最高奖项。维珍航空率先推出的一系列创新性改革，为业界建立了新的服务标准，令对手竞相追随。尽管如此，维珍航空仍事事以顾客为先，注重物有所值，质量上乘，其航空产品乐趣无穷而新意迭出。

2003 年 7 月 16 日，维珍航空推出一种具有革命性创新的豪华商务舱（Upper Class Suite）——航空业界内最长、最舒适的睡床/座椅。自推出以来，豪华商务舱已荣获诸多享誉国际的设计大奖，包括黄铅笔奖（Yellow Pencil Award）的产品设计奖和创意金奖（Idea Gold Award）的交通设计奖。维珍航空在豪华商务舱内独立设计了极为舒适的空中床铺和最为惬意的座位。这个靠椅可以打开，成为一张单独的床，配上床垫，就可以睡觉。进行长途飞行的乘客因此可以享受最舒适的空中睡眠。在维珍航空，顾客可以用商务舱的票价享受头等舱的待遇，因此维珍航空的豪华商务舱吸引了众多乘客的注意力。

（材料来源：旅游天地网）

**思考与练习**

1. 试述态度的特征。
2. 民航服务人员态度的基本要求有哪些?
3. 联系实际,谈谈如何改变民航旅客的态度。

# 项目六　民航服务与人际关系

**本章导读:**

民航服务工作从本质上来说,是一种与人打交道的工作。民航服务是双向的,其本质就是人际关系。因此,要做好民航服务工作,让旅客感到满意,就必须研究民航服务中的人际关系,掌握相关策略和技巧,以实现良好的客我交往。成功学大师卡耐基很早就认识到沟通对一个人成功的重要性,他认为:"所谓沟通就是同步。"沟通是一门艺术,是一名优秀民航服务人员不可或缺的能力。如果一位民航服务人员不善于与旅客沟通,就可能导致旅客的不满。服务人员具有良好的沟通能力,就能提高服务水平,从而让旅客感到满意,促进民航服务工作的顺利开展。

**学习目标:**

1. 了解人际沟通的含义和作用。
2. 了解沟通的多种方式。
3. 学习民航服务中常见的沟通障碍。
4. 训练并掌握相应的沟通技巧。

## 任务一　民航旅客的沟通

沟通是人与人之间相互联系、相互作用最主要的方式和手段之一,对民航服务中的解释以及交流信息具有十分重要的意义。民航服务中的沟通主要是指航空公司、民航服务人员与旅客之间的交流和沟通。

## 一、沟通的概念

沟通指的是两个或两个以上的人或群体,通过一定的联系渠道,传递和交换意见、观点、思想、情感及愿望,从而达到相互了解、相互认知的过程。沟通主要是通过有形、有声语言和表情、行为等途径进行的;通过双方互相交流信息,建立信任,以此来增加相互合作的机会。

要形成沟通,必须满足两个条件:第一,主体发出的信息必须为他人所感受到;第二,对方必须理解这种信息及感受的意义。

## 二、沟通的结构

整个沟通过程由信息发送者、信息、渠道、信息接收者、信息反馈五个因素组成,它们之间相互联系、相互作用。

### (一)信息发送者

信息发送者是具有相关信息并试图进行沟通的人。信息发送者决定以谁为沟通对象,并决定沟通的目的。沟通的目的可以是为了提供信息,也可以是为了影响别人,使别人的态度得到改变。信息发送者必须充分了解信息接收者的情况,并选择合适的沟通渠道以利于接受者的理解。要顺利地完成信息的输出,必须对要传达的信息编码,即指将想法、认识及感觉转化成信息的过程。在从事编码的过程中,要注意以下几个方面,以便提高编码的正确性。

1. 相关性

信息必须与接收者所知道的范围相关联,如此才可能使信息为接收者所了解。所有信息必须以一种对接收者有意义或有价值的方式传送出去。

2. 简明性

尽量将信息转变为最简明的形式,因为越是简明的方式,越可能为接收者所了解。

3. 组织性

将信息组织成有条理的若干重点,可以方便接收者了解,避免接收者有过多的负担。

4. 重复性

在口语的沟通中，重复强调重点有利于接收者的了解和记忆。

5. 集中性

将焦点集中在信息的几个重要层次上，以避免接收者迷失在杂乱无章的信息之中。在口语沟通中，可凭借特别的语调、举止、手势或面部表情来表达重点信息。若以文字沟通，则可采用画线或表强调的语气词突出内容的重要性。

（二）信息

从沟通意向的角度来说，信息是信息发送者试图传达给信息接收者的观念和情感。但是个人的感受并不能直接被信息接收者所接受，因此它们必须转化为各种不同的、可为别人识别的信号，如形象符号或语言等。在民航服务过程中，服务人员为旅客提供的信息应该是简单明了、通俗易懂的，而不能出现一大堆专业性的术语或模棱两可的话，以免造成误解，导致服务工作无法正常开展。

（三）渠道

渠道指信息的传达方式，是信息的载体。信息渠道可分为正式或非正式的沟通渠道、向下沟通渠道、向上沟通渠道、水平沟通渠道。大部分的信息都是通过视觉和听觉途径来获得的，沟通也主要依靠这种方式。

（四）信息接收者

信息接收者是指获得信息的人。接收者必须从事信息解码的工作，即指将对方传递的信息转化为自己所能了解的想法和感受。这一过程要受到接收者的经验、知识、才能、个人素质以及对信息输出者的期望等因素的影响。

（五）信息反馈

反馈使沟通成为一个交互的过程。在沟通过程中，信息发送者和信息接收者都不断地将信息返回给对方，这种返回的过程叫作信息反馈。信息反馈能够传达双方对信息的理解状态。如果反馈的内容为信息接收者接受了对方的信息，这种反馈称为正反馈；如与之相反，则称为负反馈。另外，显示信息接收者对于信息发送者发出的信息反应为不确定状态的信息称为模糊反馈。反馈也不一定完全来自对方，信息发送者本人也可以从自己发出的信息中得到反馈,这被称为自我反馈。例如,民航服务人员在服务过程中,如果发现自己所说的话表意不够明确,就可以自己做出适当的调整。图示如下:

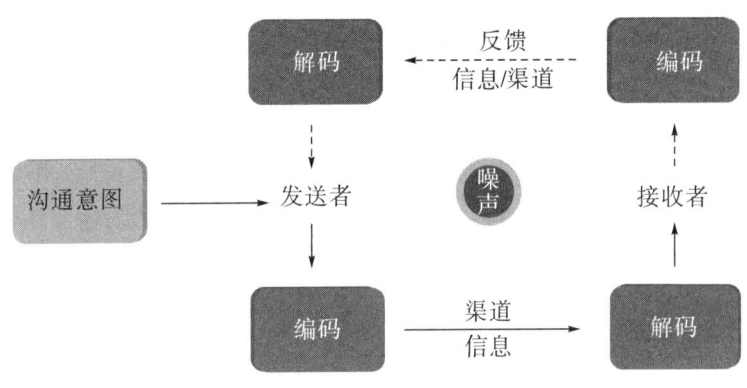

图 2—15　沟通过程模型

### 三、沟通的作用

沟通是人际交往的基本形式。通过沟通可以交流信息、获得感情与思想,通过交往可以增加对别人的了解,有利于与他人建立和发展和谐友好的关系。在民航服务过程中,民航服务人员如果能与旅客进行良好的沟通,不仅能为旅客提供他们最需要的服务、化解不必要的冲突和误解,还能满足旅客人际交往的需求。沟通的作用主要体现在三个方面。

(一)沟通有利于民航服务人员为旅客提供良好的服务

通过沟通,服务人员能够更好地了解旅客的需要和困难,有针对性地帮助他们,在实际锻炼中使自己的业务知识更加广博,服务能力得到进一步的增强。

(二)沟通有利于改善民航服务人员与旅客之间的关系

沟通的基本功能是改善交往双方的关系。首先,沟通可以防止误会。在民航服务过程中,由于性格、宗教信仰、文化水平等主观因素和时间、地点、环境等客观因素的作用,民航服务人员与旅客之间很容易产生误会。如果处理不当,就会给民航服务工作带来不利的影响,甚至可能造成无法弥补的损失。防止误会的最佳途径就是和旅客进行顺畅的沟通。其

次，沟通可以化解矛盾。民航服务人员每天要面对成百上千、形形色色的旅客，因工作而产生矛盾在所难免。要让矛盾得到化解，就不能激化矛盾，这就需要以双方的让步为前提。通过沟通，双方能充分理解对方的立场及处境，这样才会缓和紧张的气氛，在沟通中获得解决矛盾的方法，最终成功地化解矛盾。

(三)沟通有利于增进民航服务人员与旅客之间的友谊

根据美国著名心理学家马斯洛的需求层次理论，旅客渴望得到服务人员的尊重。服务人员如果能与旅客进行良好的沟通，满足旅客被尊重的需求，就能够增进双方的友谊，从而为航空公司树立良好的企业形象。

**阅读材料 2-34：**

### 沟通不畅导致矛盾升级

2010年8月3日，因三亚天气原因，首都航空公司由杭州飞三亚的JD5164次航班0点40分备降海口美兰机场。上午8点30分，飞机从海口起飞前往三亚时，15名旅客因不满航空公司的服务态度拒绝登机，要求航空公司给出说法。经过近5小时的交涉，航空公司将海口至三亚的机票款退还旅客，同时派大巴免费送其到三亚机场。来自浙江绍兴的旅客边某表示，飞机备降美兰机场后，航空公司未能及时和他们沟通，也未及时反馈航班延误信息。

中国民航中南地区空中交通管理局海南分局原局长陈超分析称，旅客拒绝登机背后的原因很多。从经济角度看，航空公司每架飞机每小时都存在运营成本，飞机只有正点飞行，才能创造最大效益。因此，从这个层面看，航空公司和乘客的利益是一致的，大家都希望航班能够正点到达。目前，对航班飞行环境进行精确判断仍较为困难。判断航班何时能够起飞与气象预报能力和机场跑道起飞能力等配置条件密切相关，但天气环境变幻莫测，给气象预报带来一定困难，特别是天气突变往往会导致航班一再延误。此外，机场跑道有限的起飞能力也经常影响延误航班的再次起飞。

在当前管理体制下，飞行信息传达的路径一般为：各方判断信息汇总—空管部门—航空公司—旅客。在航班延误的情况下，航空公司也往往在等待空管部门给出指令，而空管部门亦需要汇总其他方面的信息后进行判断。

陈超分析认为，信息传送中间环节多，可能导致旅客不能及时得到航班延误信息，旅客由此可能会产生被"抛弃"的感觉，认为自己的知情权受到侵犯，从而情绪激动、拒绝登机，导致航空公司一直担当"被告"角色，逐渐产生抵触情绪，长此以往，便会形成恶性循环。

此外，由于缺乏公平、透明、高效的责任认定与补偿机制，航班延误后，本来就损失不小的航空公司想尽量降低代价，乘客则怀疑航空公司的诚信，从而在一定程度上使延误频频演变成激烈的对抗。

（材料来源：新华网，2010年8月5日）

### 四、沟通的方式

在人际交往中，沟通的方式有很多种，服务人员可以根据具体情况选择一种或多种沟通方式（见表2-1）。

表2-1 多种沟通方式综合比较

| 沟通方式 | 口 头 | 书 面 | 非语言 | 电子媒介 |
| --- | --- | --- | --- | --- |
| 举 例 | 交谈、讲座、讨论会、电话、演讲 | 报告、备忘录、信件、内部期刊、布告 | 声、光信号，姿势、语调 | 传真、闭路电视、计算机网络、电子邮件 |
| 优 点 | 快速传递、快速反馈、信息量很大 | 持久、有形、可以核实 | 信息意义十分明确，内涵丰富，含义隐晦而灵活 | 快速传递、信息容量大、一条信息可同时传递给多人、廉价 |
| 缺 点 | 传递中所经过的中间人愈多，信息失真愈严重、核实愈困难 | 效率低，缺乏反馈 | 传递距离有限，界限模糊，只能意会而不能言传 | 单向传递，可以通过电子邮件交流，但看不见对方表情 |

### 五、身体语言沟通

古希腊哲学家苏格拉底曾经说过："高贵与尊严、自卑与好强、精明与机敏、傲慢与粗鲁，都能从静止或者运动的面部表情和身体姿势上反映出来。"根据心理学家的调查和研究,当我们在与他人进行沟通时,语言只起到7%的传达作用,其中语气的传达作用占了38%,而身体语言在沟通中起到了55%的作用。这几项数据说明,身体语言是人们进行信息沟通的一种重要方式。它所提供的信息,对沟通过程和沟通结果会产生深刻的影响。在民航服务工作中,身体语言在沟通中起着口头语言所不能替代的重要作用。

(一)身体语言的内容

1. 目光与表情

(1)目光

眼睛是心灵的窗户。大量的科学研究表明,眼睛是透露人内心世界最有效的途径。人的一切情绪、态度和感情的变化都可以通过眼睛显示出来。人们对自己的语言可以做到随意控制,可以为了暂时适应某种特定情境的要求而口是心非,但人们对于自己的目光却很难随意控制。观察力敏锐的人,能够准确地从一个人的眼中看到一个人的内心世界的真实状态。民航服务人员在与旅客沟通的过程中,双方目光的接触应达到全部沟通时间的50%以上。在为旅客服务时,眼睛不可走神,也不要将视线集中在对方的胸线以下,不要总是盯着旅客上下打量,这样会让对方感到没有受到尊重,从而使对方感到紧张、尴尬。此外,所谓的"眉目传情"也不能胡乱使用,要分清楚当事双方的社会环境和文化差异,否则会适得其反。例如,对异性挤眼,西方国家的人认为是表示调皮诙谐,东方国家的人则认为是调情;西方人认为瞪大眼睛是惊讶的意思,而东方人则认为是愤怒。

图2—16 民航服务人员的眼神

(2) 表情

表情一般是指面部表情。面部表情可以分为八类：感兴趣—兴奋、高兴—喜欢、惊奇—惊讶、伤心—痛苦、害怕—恐惧、害羞—羞辱、轻蔑—厌恶、生气—愤怒。面部表情是另外一个可以实现信息沟通的身体语言途径。人的面部有数十块肌肉，可以做出上千种不同的表情，准确地传达出各种不同的内心情感。表情可以有效地表现肯定与否定、接纳与拒绝、积极与消极、强烈与轻微等各种情感。人们可以通过表情来显示各种情感，也可以运用表情来表达对别人的兴趣；可以通过表情来显示对一件事情的理解状态，也可以经由表情表达自己的明确判断。在民航服务中，服务人员要善于观察、判断旅客的面部表情，了解旅客的情绪反应，从而为旅客提供满意的服务。

**阅读材料** 2-35：

## 保罗·艾克曼研究的七种面部表情

保罗·艾克曼（Paul Ekman），美国心理学家，主要研究脸部表情辨识、情绪与人际欺骗，1991年获美国心理学会颁发的杰出科学贡献奖。

艾克曼研究的七种基本情绪的面部表情的动作要领为：

（1）当我们快乐时，通常额头平展，眼睛闪光而微亮，面颊上提；嘴角后拉，上翘如新月；出声笑时，面部肌肉运动程度加大，眼睛更加明亮。

（2）当我们惊奇时，眼睛圆睁，上下眼睑都是放松的。

图 2-17 美国心理学家保罗·艾克曼

（3）当我们愤怒时，额眉内皱，目光凝视，鼻翼扩张，张口呈方形或紧闭，并在愤怒的大哭中表现得最明显。

(4) 当我们厌恶时，额眉内皱，肌肉紧张，双眼眯起，鼻头皱起，口微张，牙齿紧闭，嘴角上拉。

(5) 当我们恐惧时，额眉平直，眼睛张大，额头有些抬高或出现平行皱纹，眉头微皱，上眼睑上抬，下眼睑紧张。口微张，双唇紧张，显示口部向后平拉，窄而平。严重恐惧时，面部肌肉都较为紧张，口角后拉，双唇紧贴牙齿。

(6) 当我们悲伤时，额眉下垂，眼角下陷，口角下拉，可能伴有流泪。但悲伤痛苦表情因较少显露，不容易被识别。婴幼儿悲伤常伴随哭泣，有鲜明的外显形式；成人的痛苦则很大程度上由于受文化的制约而被掩盖。

(7) 当我们轻蔑时，额眉梢抬起，嘴角向一侧上扬，双唇紧闭呈斜角。

（材料来源：心灵咖啡网，2010年4月1日）

2. 身体动作

身体动作是最容易被觉察到的一种肢体语言，因为身体动作更容易引起人们的注意。一些聋哑人通过自己的手势语言，实现了与人沟通；当你躲闪某个事物的时候，可能是感到害怕，也可能是表示厌恶；当你拥抱他人的时候，表示你对他人的喜爱、同情或感激；当你不由自主地拍自己的脑袋的时候，往往代表着你有某种自责或懊悔情绪，等等。

(1) 触摸

触摸是人际沟通中最有力的一种方式。因为每个人都有被触摸的需要。心理学的研究表明，人们不仅对舒适的触摸感到愉快，而且会对触摸对象产生情感依恋。如果你谈过恋爱，你会发现，你和恋人关系的进展往往取决于身体接触的一瞬间，哪怕是牵手的一瞬间，你们的情感也会发生质的变化。

(2) 手势

手势是我们在交往中表达意见时用手所做的姿势，是最有表现力的一种体态语言。在长期的社会实践过程中，手势被赋予了种种特定的含义，具有丰富的表现力，成为人类表情达意最有力的手段，从而在肢体语言中占有最重要的地位。运用手势的场合很多，日常生活中的招手、欢呼、鼓掌等都属于手势的范围，我们在运用时应根据不同地域、不同场合和不同目的恰当地运用，不可滥用。

图2—18 民航服务人员的标准手势

一位美国企业家到法国去做酒生意，在法国人的欢迎宴会上，他品尝了法国香槟。这种名酒的香醇使他连连称赞，于是做了一个"OK"的手势，即用大拇指和食指连成一个圆圈，并伸出其他三个手指头。主人立刻显得很不高兴，原来在美国这个手势是"好"的意思，而在法国西南部地区，这个手势表示商品品质低劣。幸好，助手及时提醒了他，经过解释和表示歉意后才消除误会。

在交谈时恰当地使用手势，能够增强语言的表达效果和感染力，增加人们谈吐的魅力。因此，要想成为优秀的民航服务人员，必须重视手势的特殊作用，积极规范自己的手势。

（3）姿势与服饰

生活中，我们经常用姿势来进行沟通。比如，当你在跟领导说话的时候，出于紧张，或是对对方的尊重，你会"正襟危坐"；当你听到自己感兴趣的话题时，你会身体向前倾；当你对他人不屑一顾的时候，你会摆出"用鼻孔看人"的姿势。这里，人们务必注意的是，平时生活中的姿势代表着一个人的形象和修养，生活中应该让自己"站如松，坐如钟，行如风"。服饰也是一种"引人注目"的沟通途径。

图2—19 民航服务人员服饰

正如意大利影星索菲亚·罗兰所说:"你的衣服往往表明你是哪一类型的人,它代表你的个性,一个与你会面的人往往自觉地根据你的衣着来判断你的为人。"衣着本身是不会说话的,但人们常在特定的情境中以穿某种衣着来表达自己心中的思想、建议和要求。在业务往来中,人们总是选择与环境、场合和对手相称的服装。

民航服务人员的着装都有统一的要求和规定。

(4) 妆容与饰物

一个人的化妆风格直接反映了他的审美情趣和性格特点。有强烈表现欲的人,会不顾自己的特点,浓妆艳抹。而性格稳重的人,往往只会化淡妆,稍作修饰。同样是佩戴一些装饰品,有的人能通过一些小小的饰物增加美感,起到画龙点睛的作用;而有的人则不会搭配,饰物对其起到的是画蛇添足的作用。

(5) 个人空间

社会学家研究表明,人类都有自己的个人空间,当人们有向周围扩张自己领地的企图时,人们的行为好像是被幻想空间或个人空间感所包围,这就是人们准备接触他人的距离。这些幻想空间或距离可以分为四种类型。

亲密距离:近状态。这种距离用以表示爱情、亲密的友情、孩子和父母的亲情。远状态(远到0.5米),仍可以握住手,但没有亲近关系的人不接受这一距离。

私人距离:近状态(0.5~0.75米)。这种距离只适合于普通的朋友。远状态(0.75~1.25米),是身体控制范围的极限。除了关系亲近需要进行私下谈话之外,其他情况下最好将距离保持在远状态。

社会距离:近状态(1.5~2米),用于非个人事务和一般性谈话的场所,比如会见新客人、应聘的雇员或者不熟悉的同事。远状态(2~4米),更多地用于社会和商务交往的场合。

公共距离:近状态(4~8米),适宜非正式的聚会。远状态(8米以上),通常为政治人物或社会名人所用,因为它提供了必要的安全感并特别强调主导性。

根据这一空间距离理论可以发现,服务最适合的空间距离是私人距离的远状态和社会距离状态。当服务者与被服务者之间的距离大于社会距离的最大值时,被服务者感受不到服务的热情,会产生备受冷遇的失落感,对服务的不满将随着这种失落感的加重而爆发。当服务者与被服务者之间的距离小于私人距离的最小值时,被服务者有一种被侵犯了私人领地的感觉,对于服务,他感受到的不是热情,而更多的是一种强迫感和压抑感,似乎有一种外力在迫使他们接受极不情愿接受的产品。

在民航服务工作中,通常有如下不成文的规定:

(1) 服务距离一般应该保持在0.5~1.5米;

(2) 引导距离一般应该保持在1.5米左右;

(3) 待命距离一般应该保持在3米以上;

(4) 展示距离一般应该保持在1.3米;

(5) 禁忌距离切不可小于0.5米。

(二) 身体语言的识别

识别和理解身体语言的目的之一是在减少回答次数的基础上发现客人的要求并采取措施尽快消除他们的不适。

1. 旅客何时需要等待

(1) 客人之间正在交谈时。客人在交谈的时候经常会用到一些身体语言,如整理衣服或者轻抚头发。指尖向上搭成尖塔状,表示正在发表观点;而指尖朝下则表示在倾听。假如两个客人正在进行深层次的交谈,双方手握在一起,保持目光接触,这时请不要打断他们,最好与他们保持一定的距离,直到他们察觉到有人在场为止。他们会很自然地停止交谈,接受这次"礼貌的打断"。

(2) 全神贯注。全神贯注的表现方式有很多种。通常来说,用手撑住头、用手托着腮或者皱眉都可以表示这种状态。如果遇到这样的客人,要询问自己是不是应该打断他们,然后快速地做出判断。

2. 旅客何时需要帮助

在服务中,服务人员其实很容易看出旅客是否需要帮助。这些需要帮助的旅客通常会四处张望,并且可能会向服务人员挥手致意。另外,旅客时常看表可能表示他很焦急,摇头也许表示愤怒。

3. 旅客何时会离开

如果和某个旅客站在一起，不要忽略他们双脚所指的方向。当人们觉得谈话已经结束，脚尖就会不自觉地指向他们要离开的方向。如果两个人的意见不一致，他们往往会不经意地转过身去，表示不悦。

4. 其他暗示

身份和权利也是值得民航服务人员注意的。比起其他社会阶层的人来说，皇室贵族、政界名人和企业家经常以更加自信的姿势来显示他们的地位。同样，一个人的年龄、文化和背景都可以通过身体语言来加以表现。

（三）积极的身体语言

积极的身体语言包括高兴和兴奋的表情，微笑、睁大眼睛等都属于这一类。感到惊奇的人会张开嘴巴或者是上扬眉毛；放松的人则双肩松弛，跷二郎腿，后背倚靠在座位上，通常会伴有快乐的表情。

表示自信的身体语言有很多种：身体挺直、头部仰起、双肩放松、甩头发、夸张地走路、保持目光接触、双手插在衣兜里，等等。

对于使用积极的身体语言，有下列建议：

（1）抬头挺胸，面带微笑，眼神有力；

（2）尽量舒展你的身体；

（3）双手轻轻地合着或自然放松；

（4）与别人说话的时候，可将身体微微前倾；

（5）让明亮的光线照亮面部；

（6）让一切都处在积极向上的状态；

（7）让自己总是保持在"准备好了"和警觉的状态中；

（8）时刻保持旺盛的精力。

（四）消极的身体语言

1. 紧张

有些旅客在旅行中会不时地表现出过分紧张的情绪。人们在这种情绪下的具体表现是少量的目光接触、四处张望、不停地摆弄衣服或者提包，甚至有时会坐在椅子的边缘。让人们放松下来，需要特别的技巧，但是大多数精神紧张的人能够接受善意的询问。民航服务人员应该觉察到这些现象并有针对性地服务。

2. 愤怒

一般来说，愤怒的人对他人的影响是非常大的。如果旅客处于一种愤怒的状态，我们可以轻松识别出来。眉头紧锁、表情严肃、咬紧牙关、双肩僵硬，这些表现都是很常见的，他们也可能会摆出双臂在胸前交叉的防御性姿势。要想消除人们的愤怒情绪是一件非常困难的事情。旅客的愤怒经常伴随着抱怨或者是投诉，因此，在进行服务时，服务人员要想办法安抚旅客，消除其愤怒情绪。

3. "以手掩口"的姿势

这类姿势常常是一种不诚实的信号。但是，也不能孤立地看待这种姿势，否则将会严重误解他人的身体语言。以手掩口可能是下意识地企图遮掩带有欺诈性的语言。这个姿势是双向的，某个人在说话的时候以手掩口，则有正在说谎的可能；假如自己在说话时，对方捂住嘴，那则表示对方正在怀疑讲话的可信度，或者在思考讲话的内容。另外，这类姿势可能说明讲话者有点紧张，而不是在说谎。因此，一定要做出正确的判断。

4. 厌倦

厌倦的情绪也很容易识别。一般的表现是面无表情、揉眼睛、摸脸、耸肩、叹气、目光迷离及轻轻跺脚等。面对有上述举动的旅客，民航服务人员应该想办法转移他们的注意力，使他们摆脱这种不佳的情绪。

5. 担心

人们在担心的时候，脸上往往会出现紧绷的表情，同样可能伴随着出汗或者摸脸等表现。这种情况下，民航服务人员首先要想办法让旅客安下心来。如果能看出旅客正在为某事而担心，可以简单地说几句安抚的话，但是要控制住自己的好奇心，切勿打听别人的隐私。

## 任务二 沟通在民航服务中的应用

在民航服务过程中，民航服务人员与旅客之间，由于语言、文化、个性特征、社会地位等方面的差异，也会出现许多沟通的问题，引发沟通障碍甚至导致沟通失败。如何克服这些障碍，提高民航服务水平，为旅客提供更为优质的服务，是民航服务人员应该思考和努力的问题。

## 一、民航服务中常见的沟通障碍

### （一）个性差异障碍

个性品质差异较大者之间较难沟通。例如，善于抽象思维的人与善于形象思维的人彼此之间交流信息可能发生障碍。但是个性品质相似的人，如果具有下列个性品质——自私自利、虚伪、狡猾、不尊重人、疑心重、报复心强、自卑心强、固执等，也不一定能顺利沟通。民航旅客容易相信热情善良、态度诚恳的民航服务人员，而不愿轻信那些不尊重人、服务态度冷淡的民航服务人员。

### （二）情绪和情感障碍

人与人之间的情感距离远近会直接影响到沟通是否顺畅和沟通效果的好坏。情感亲近、关系融洽，沟通就容易进行；反之，如果情感疏远，就容易使人产生逆反心理，沟通就难以有好的效果，甚至沟通失败。民航服务人员如果不被旅客所接受，那么他与旅客之间的沟通是非常困难的。民航服务人员在与旅客进行沟通的过程中，表现得过分热情，会使对方产生"动机不纯""心术不正"的联想。与情感反应过于强烈相反的情感反应是过于冷漠，对一切都无动于衷、麻木不仁。为了克服这种交流障碍，民航服务人员要学会情感的自然调节，把握情感的尺寸，既不能过分热情，也不能过于冷漠。

### （三）文化背景障碍

文化是人类在社会历史发展过程中所创造的物质财富和精神财富的总和，是历史的积淀。虽然历史的进程中不同文化也相互影响和渗透，但是不同国家和民族的文化却依然保持了各自独特的一面。因此，文化具有差异性，一种文化认为是至关重要的东西，对于其他文化来说，就可能并不会受到如此的重视。伴随着航空业的发展，文化差异的影响也越发地突显。民航服务人员必须培养自身的跨文化意识，加强跨文化交往能力，进行文化交流与展示，注重文化的融合和变迁，以此推动世界航空业的发展。

文化背景障碍主要有如下几个方面。

1. 宗教信仰的差异

宗教是一种社会现象和社会行为，它包括指导思想、组织、行动、文化等方面的内容。自从人类成为一种群体活动的生物，成为具有社会性的群体以来，宗教就作为具有培养和加强人的社会性作用的一种重要的社会组织而成为社会的必需。

2. 社会习惯的差异

社会习惯是人们在长时期内逐渐养成的、一时不容易改变的行为、倾向或社会风尚。它不仅会影响到消费者的消费价值观，而且会影响到人们的工作和思维模式。

3. 教育的差异

教育作为文化的一个分支，通过改变一个国家的比较优势或营销方式影响不同国家和地区之间的交流往来。旅客接受教育的水平和程度也会直接影响到民航服务人员与旅客的沟通。例如，文化程度较低的人可能听不懂文化程度较高的人所表达的信息；而文化程度较高的人又可能不喜欢文化程度较低的人的表达方式，彼此难以接受对方而形成沟通障碍。

（四）角色地位障碍

这是十分常见的一种沟通障碍。虽然工作只有分工的不同，没有高低贵贱之分，但在实际生活中，依然有人对服务工作持轻视、不屑一顾的态度。这些人认为民航服务人员所从事的就是伺候人的工作，仗着自己有钱有势，不尊重民航服务人员，甚至为难民航服务人员。此外，也有部分民航服务人员觉得自身条件良好，是经过百里挑一选拔出来的，因而自视清高，态度傲慢，对旅客缺乏热情和耐心，让旅客难以接近。要解决角色地位障碍带来的问题，我们需要进行换位思考。例如民航服务人员要想得到尊重，首先就要尊重旅客；旅客想得到更好的服务，就应该理解和支持民航服务人员的工作。如果我们都能设身处地地为对方着想，沟通就会变得很顺利。

（五）语言障碍

语言是人与人之间沟通、交流思想的主要工具，是用以表达思想的符号系统。由于文化程度的差异，同样一种思想，有的人能够很好地表达清楚，有的人则不行。如果一个民航服务人员不能清楚、准确地表达相关信

息，就会让旅客理解错误或不知所云，影响沟通的效率。

另外，不同语言或方言的使用也会造成沟通的不便。旅客来自四面八方，使用的语言或方言种类繁多，这在客观上给民航服务人员与旅客的沟通带来了困难。目前国内机场服务及航班服务都要求使用普通话，目的就是减少语言交流的障碍。而在国际机场服务及航班服务中有45％是使用英语来交流。因此，民航服务人员如果能使用多种语言或方言与不同的旅客交流，将会给服务工作带来更多的便利。

**阅读材料2-36：**

## 空中乘务人员客舱服务语言失误分析

语言交际既是心理活动，也是生理活动，空中乘务人员在客舱服务过程中，因文化理解偏差、发音不准、语法有误、语意模糊等因素导致的与旅客之间的交流障碍，可以看作是客舱服务语言失误。空中乘务人员合理正确地表达出自己的思想、观点和看法，不仅便于服务交流的完成，同时也有利于客舱服务质量的提升。

（一）客舱服务语言失误的表现

1. 口误

语言是事先计划好的，当预想中使用的语音、语义或语法形式不由自主地发生了偏离、差错时，就形成了口误。语言服务是空中乘务人员在客舱服务中常用的服务方式，且口语转瞬即逝，难以反复审视、修改，乘务人员在说话过程中出现口误的频率难免比常人高。一般来说，客舱服务中出现的口误有以下一些类型。

（1）替代型口误，即一个不在话语中出现的成分干扰并取代一个想要说出的成分。

例1：某次航班马上要起飞了，乘务员广播道："女士们，先生们，请您坐在跑道上，系好安全带，我们的飞机马上就要起飞了……"

例子中"跑道"这个不该出现的用语替代了正确用语"座位"。

（2）互换型口误，即句子中前后两个成分互相交换位置，互换的两个成分一般属于同一范畴。

例2：航班飞行过程中，乘务员看到一位旅客打开手机准备使用，马上走过去严肃地说道："请不要在手机上打飞机！"

这个例子中乘务员本要表达的意思是"请不要在飞机上打手机"，却将两个关键词"飞机"与"手机"互换了位置。

（3）增减型口误，即实际说出的言语对预想的言语有增加或减少。

例3：旅客："我要一杯可乐。"

乘务员不确定地问道："你是可乐吗？"

旅客："不是！"

乘务员："那你是？"

旅客："我是人，我要可乐！"

很显然例子中的这位乘客已经不太高兴了，虽然一般人能够理解乘务员"你是可乐吗"所询问的本意是"你是要可乐吗"，但是面对不同个体的乘客，服务人员有义务给他们更多的尊重。乘务人员虽然只省略了一个"要"字，但服务质量却大打折扣。

2. 同音词造成的失误

同音词是指语音相同而意义之间并无联系的词。在现代汉语中存在着大量的同音词，空中乘务人员如果在服务中选取的词语存在同音词，且用语过于简略，不符合交际语境，就容易造成歧义。

例4：在某航班上，飞机快要着陆了，乘务员把飞机上的机供品，包括饮料，用封条一一封好保存。"饮料封了吧？""封了。""柜子呢？""封了。""封了"是乘务组的专业省略语。这时，一位刚刚睡醒的旅客拦住一名乘务员："小姐，来杯可乐吧。"该乘务员刚在厨房好不容易将饮料封好，一听到旅客这么说，急了，脱口就说："啊！可乐？我们都封了。""什么？我要杯可乐你们就疯了？"

例4中的乘务员失误在于在特定的情景中选用了不恰当的语言表达，"封了"是专业术语，且与"疯了"属于异字同音词，从而造成了与乘客之间的误解，引起了乘客的不满。

例5：某次航班上，一位乘客睡着了，醒来时已错过了用餐时间，这位乘客对乘务员甲说自己要一份鸡肉饭，乘务员甲有其他事情要做就交代乘务员乙备餐，乘务员乙发现没有鸡肉饭了，只剩下牛肉饭，便走到乘客面前问道："是您要饭吗？"乘务员的询问令乘客既尴尬又恼火，乘客冷冷地说道："我点了餐，但我不是要饭的。"

例5中的"要饭"是点餐的意思，它与乞讨意义的"要饭"属于同字同音词，乘务员的失误在于选取了过于随意、敏感，甚至某些时候含有贬义色彩的词语——"要饭"。

3. 语义模糊引起的失误

例6：某航班快要降落了，一位乘客问乘务员卫生间在哪儿，乘务员正忙着回收餐盘，随手一指道："在后面。"乘客顺着乘务员所指的方向走到后舱误把厨房当作卫生间，幸好被后舱乘务员及时发现，才未造成难堪。后经了解，这位乘客为初次乘机旅客。

绝大部分民航班机的机舱尾部都设有卫生间和厨房，但初次乘机旅客未必清楚这一点，乘务员"在后面"的回答只是一个泛指，并没有确指卫生间具体的方位，如左手边或右手边，以至于乘客误认为机舱后面只要是封闭的空间就是卫生间，险些造成难堪。

例7：在某次航班上，一位旅客把一个大旅行袋塞进行李舱，勉强关上舱门，乘务员对乘客说："你的旅行袋太大了，要是冲破舱门掉下来就麻烦了。"乘客答道："没事的，里面没什么易碎品，都是些衣服，不怕摔的。"

作为信息发出者的乘务员考虑的是客舱安全，其本意是旅行袋掉下来会砸到人，造成事故，而作为信息接收者的乘客关心的是个人财产，所以将乘务员的提醒理解为行李是否会被摔坏。造成这一交际失败的原因是乘务员在信息编码过程中没有注意到语义指向的模糊性和人们接收信息的利己性会构成沟通障碍并引起误解。

4. 跨文化交际中的服务言语失误

随着航空业的发展，不同国家、地域之间的往来交流越来越多，在同一架航班上可能会搭载着不同文化、不同地域、不同种族、不同语言的乘客，空中乘务人员的服务也就有了"跨文化交际"的性质。乘务人员在服务过程中，如果不了解乘客的文化背景，很容易造成与乘客之间的误解，从而导致交际失败，影响服务质量。

例8：中国人在迎接远道而来的客人时通常会说"您一路辛苦了"，

这句话本来是一句礼貌用语，是对客人的关心，但如果对欧美乘客直译成"You must be very tired"，却会使听者感到尴尬甚至反感，因为他们更习惯这样的问候："Did you enjoy your trip?"

对涉及精神状态方面的评价英美人大为讲究，"您旅途辛苦了""您看起来很劳累"等中国式的关心，常会令英美人觉得不适。

例9：有的航班上有礼品赠送，在送礼时中国人常谦虚地说："一点小东西，不成敬意。"但如果对方是外国人，也采用这种表达"Here is something little for you. It is not good"，不了解中国文化的外国人会想，为什么要送一件不太好的东西给我？

在中国社会的人际交往中语言表达方式比较含蓄，遵循"尊人卑己"的原则，赠送礼品时一方面要体现礼物的实用性和价值，另一方面又要表现出谦虚、内敛的态度，而在西方社会人们性格较为率直，他们认为礼物不在大小贵贱，而在心意，所以无论是给予还是接受礼物都会表现出热情、欣赏的态度。

例10：航班到达目的地后，一般乘务员会对乘客说"再见""请慢走"之类的话，若用英语对外国乘客说："Please walk slowly！"这会使听者感到困惑：为什么要慢慢走？为什么不能走快点呢？

这种饱含着中国式关心的告别，在外国人听来却"别有一番滋味"，命令式的表达方式令他们感觉被冒犯。

以上案例中，乘务员以中华民族特有的心理表达好意，欧美乘客却按自己的文化习惯理解它，结果出现交际失误。

（二）客舱服务言语失误的原因

1. 话语因素

言语失误可能会发生在任何一个人身上，这与话语本身的特点有关。首先，语音、语义、词汇是构成语言的基本要素，任何一个层面出现问题都有可能引发误解；其次，言语是事先计划的，在言语生成的各个阶段都有可能发生失误，从而导致误解；再次，客舱言语交际过程是包括说话者言语编码和听者言语解码的双向活动过程，任何一方的言语表达或言语解码失误都会造成误解。

### 2. 心理因素

空中乘务人员因为在客舱服务中要面对各种不同性格特点的乘客，需要处理各种性质的事件，加之倒班、噪音、缺氧、高空辐射、狭小的工作环境等因素，所以通常乘务员都承受着巨大的心理压力，甚至有人会滋生出焦虑、抑郁等不良情绪，在不良心理状态下，乘务人员难免会出现言语失误。

### 3. 环境因素

客舱服务随着运输生产的流程在一定空间、一定自然条件及一定航空保障条件下运行，如天气状况、空中交通管理、机场保障能力等因素都会影响到乘务人员客舱服务工作的开展。乘务人员所从事的工作烦琐、压力大，而当客舱服务环境受到负面影响时，如各种原因引起的延误，乘务人员与乘客之间的沟通往往难度增加，言语失误的概率也会上升。

### 4. 文化因素

言语交际之中隐含着宗教信仰、风俗习惯、价值观念、思维方式、审美情趣等文化背景因素，文化上的差异可能导致客舱服务中的文化碰撞甚至冲突。乘务人员跨文化交际过程是否得体、成功，其标准往往是双重的，一方面指其语言正确流畅，另一方面指言语得体，符合外国人的表达习惯和情理要求，符合其他民族的文化心理和语体特征。如果不了解不同民族、地区的文化背景，服务交际过程中即使语言语法准确，但由于不能正确分辨词语的感情色彩和语体色彩等方面的差别，不会运用委婉词语和模糊词语，也会导致言语不得体，影响交际效果和服务质量。

## （三）避免客舱服务中言语失误的一些建议

### 1. 控制好情绪，增强注意力的稳定性

在客舱服务过程中，当乘务人员心理处于松弛状态时，往往会因漫不经心造成言语知觉麻痹，即言语编码出现某种潜意识的组接误差或偏离。

例11：飞机落地了，由于广播的乘务员老想着赶班车去东直门，于是广播成了"女士们，先生们，我们的飞机已经抵达首都北京东直门机场"。

当乘务员注意力过于集中时也会出现言语失误，这是在过于警觉、专注的情况下，心理发生兴奋抑制或兴奋点转移所致。

例12：乘务员："各位旅客，我们的飞机遇到气流有些颠簸，请大家

系好皮带,在座位上坐好。"

例中乘务员过于关注安全状况,在警示过程中反而失言。

总之,乘务人员在工作中一方面要集中注意力,另一方面又不要过于警觉,要控制好情绪,增强注意力的稳定性。

2. 运用言语补偿策略,适时利用误解制造幽默的语用效果

在客舱服务过程中,即使乘务人员极小心防备,也难保不会出现言语失误,如果说错了的话无伤大雅,可以更正并道歉,一般的交际都能顺利进行下去;如果说错了的话比较重要,或者得罪了乘客,应该保持镇定,尽量弥补过失,这时如果能在道歉的同时,利用语言技巧将错就错,把错误的话语通过借题发挥转引向正确的方向,则会收到幽默的语用效果,从而"化干戈为玉帛"。

例13:乘务员在客舱门口迎接旅客,上来一位年轻小伙儿。乘务员说道:"欢迎您登机,请问您是什么座?"小伙子说:"我是天蝎座,您呢?"乘务员微笑着答道:"我是巨蟹座,我是问您坐哪一个座位?"

乘务人员在询问中省略了"座位"的"位"字,使乘客产生了误解,乘务员运用语意逆推的暗转补偿策略,顺势回答了乘客的提问,紧接着又将话题转到正确的方向,使服务继续顺利进行下去。

3. 扩大知识视野,重视文化背景及地域差异

空中乘务人员应该了解东西方文化差异对语言交际的直接影响,并应重视在跨文化交际服务中避免言语失误的重要性。我们可以得出以下启示:

首先,空中乘务人员应该树立跨文化交际意识,并建立起对文化差异的敏感性,认识到不同文化背景的乘客在服务需求上有所不同,学会了解、接受、尊重对方文化。

其次,乘务人员在平时有必要积累和理解带有深厚文化内涵的词语,特别是那些在中文中并没有"恶意",而在其他文化背景中带有禁忌色彩的词语或表达方式。

再次,航空公司可以对空中乘务人员进行以"文化适应模式"为形式的导向训练,即模拟一些客舱跨文化服务中可能出现的交际场景,引导受训者从不同的文化视角做出合适、恰当的服务行为。

空中乘务人员在客舱服务过程中言语失误的出现虽然不具有常发性，但是一旦发生却会导致交际障碍，甚至会造成事故征候。现今各航空公司之间的竞争，某种程度上也是服务的竞争，而客舱服务则是最直观的窗口，所以各航空公司应避免客舱服务言语失误现象的较多出现，以便营造出良好的客舱氛围，提升公司形象。

（材料来源：高勇，《空中商务》，2009年9月17日）

（六）态度障碍

在人际交往中，态度的不同，也会成为交流双方沟通的障碍。在民航服务中，如果服务人员缺乏正确的服务理念，就会出现冷漠、怠慢等不良的服务态度，从而引起旅客的不满，甚至投诉。我们要先端正自己的态度，培养良好的服务心态，不要用情绪代替理智。此外还要将心比心，做到"己所不欲，勿施于人"，这样和旅客沟通的时候才能顺畅。

## 二、民航服务中沟通的技巧

（一）理解和尊重

理解和尊重是服务工作的原则，但是在沟通过程中，不仅仅是原则那样简单，还有技巧问题，即适当的表达方式和技巧是保证沟通顺利进行的重要因素。例如，初次乘坐飞机的旅客，通常是紧张心理和好奇心理并存，这容易导致他们出现一些疏忽和过失。这时民航服务人员如果能和颜悦色地帮助他们解围，旅客会认为服务人员是很亲近并值得信赖的人，双方的沟通就很容易了。如果服务人员心里并没有因为旅客的过失而心生埋怨，但是面无表情地说话，也会使旅客感到过意不去或尴尬，从而造成沟通的困难。因此，在民航服务工作中，对旅客的一些疏忽、过失，只要不是故意的，服务人员都要给予理解、帮助，不要责怪旅客，这也是对旅客的一种尊重。

（二）加强配合与协调

在民航服务过程中，旅客的行为会影响到服务质量和效果。旅客有效的参与行为是保证服务质量和满意度的必要和重要条件。有效、有序的沟通，离不开旅客的参与及配合。例如，由于天气等客观因素或机械故障等人为因素，航班经常会发生延误，而这将直接影响到旅客的利益，这也是造成旅客与航空公司之间矛盾的最为集中的原因。因此，在航班延误时怎样与旅客沟通并解决旅客的种种问题，是航空公司必须研究的一个问题。美国某家航空公司比较重视航班延误时的管理政策。该航空公司培训机组人员，让他们学会在飞机误点时怎样最快地通知旅客和怎样让旅客接受一个延误时间区间。这样保证了与旅客的有效沟通，容易得到旅客的理解和配合。

阅读资料 2-37：

## 解释说明工作很重要

安检工作以安全和服务为主，而在服务工作中，除了严格遵循礼仪礼节、文明用语之外，解释说明工作非常重要。合理的解释不仅可以使旅客配合安全检查，还能对相关法律法规起到宣传作用。

图 2-20　乘机时对违禁物品的检查

在机场的安检工作中，经常遇到旅客不理解、不配合检查工作。他们认为，很多规定都不合理，比如很常见的：为什么水、酱料、蜂蜜这些日常食品都不能携带？为什么想带点腐乳、鸡枞油之类的云南特产送给朋友都不行？为什么不能带把小刀削水果？为什么要脱鞋、解裤带？诸如此类的细节问题如果不能给旅客一个合理的解释，就会给旅客留下一个安检人员既粗暴又不近人情的印象。所以解释工作很重要，切不可不由分说，只告诉旅客一句"不能带"就完事，那样很容易引发矛盾。而在繁忙的检查工作中，要把相关规定一一向旅客陈述也是不现实的。因此，解释说明应当简洁、有力,突出重点。在长期的安检工作中,笔者归纳了几点,仅供大家参考。

(1) 解释工作要有重点。要简洁、有力,就事论事。经常有旅客因为购票、行李托运等不太顺利,到安检处刚好压了一肚子火,再遇上有些物品不能被带上飞机,情绪就爆发了,不断向安检员宣泄各种怒气。安检员不要被旅客的情绪所干扰,应冷静地听完旅客陈述,找出问题的重点,再善意地提醒旅客:我们先来解决眼前的问题好吗?否则耽误了您的乘机时间就不好了。

(2) 要具备较高的职业修养。一名好的安检员应当会控制好自己的情绪,无论遇到什么事,都不应当在岗位上表现出自己的喜怒哀乐,应保持平和、节制、不慌不忙的工作态度。有些工作经验不足的安检员,遇到旅客发火、不配合甚至刁难时,容易被带入不良情绪中,不但问题解决不了,自己也憋一肚子气,从而影响后续的检查工作。安检工作人员应当事先就想到,与人打交道本来就可能会遇到各种各样的问题,要以专业的工作态度来对待。情绪平稳了,向旅客解释时才能做到条理清晰、不卑不亢。

(3) 熟悉行业法律法规,解答问题有理有据。这是最基本的要求。作为民航安保人员、执法人员,必须熟练掌握民航法律法规、检查规则,才能在旅客质疑时给出合理的解答,让旅客心服口服。如果对相关规定不熟悉,解释时东扯西拉,遇到懂法的旅客提出疑问便张口结舌,这就难以让人信服。

(4) 服务态度要好。对不能携带上飞机的物品,态度要坚定,语气要和蔼。要让旅客感受到,规定虽然死板,但安检员的态度确实让人无可挑剔。对不能带的物品,要快速、明确地给出旅客建议:可托运、可寄存或是可以送出,不能让旅客觉得无所适从。例如,经常有旅客对不能带一些普通的生活用品感到困惑,如打火机、小刀。可以向旅客解释:"我们理解您的心情,但是飞机作为一种特殊的运输工具,也许很不起眼的一些物品都有可能干扰它的正常飞行,为了您在飞机上的安全万无一失,请您配合检查。"还有一些喜欢向检查员说情,希望网开一面,下次绝不再带此类物品的旅客,可以向其坚决地表明"这件物品是绝对不能携带的,但是可以为您办理暂存"等。

总之,好的解释可以解决问题,化解矛盾。同时还可以对规定起到宣传作用,为今后检查工作的顺利开展打下良好基础。

(材料来源:民航资源网,2009年10月30日)

(三)迅速解决问题

由于航空运输业的特殊性,航空公司或机场单位都会面临许多临时出现的问题,如航班延误、旅客投诉等,必须要迅速、及时、有效地解决,绝对不能推、拖、赖。因为一个问题如果不及时解决,就可能迅速变大或升级,从而造成极坏的影响。

**阅读材料**2-38:

### 航班可以延误,服务不能延误

在北京工作的王女士两周内四次乘坐飞机出行,无一不延误:7月15日,北京飞杭州,晚点3小时,原因不详;7月18日,杭州飞北京,晚点4小时,原因为"流量控制";7月23日,北京飞西安,晚点1小时,再次遭遇"流量控制";7月26日,西安飞哈尔滨,晚点1小时,通报称"天气不佳"。她说最不能容忍的是在航班延误后工作人员的服务:航班延误的原因通报太慢,真实性不能令人信服,态度冷漠。

中消协公布了2010年上半年全国投诉十大热点,其中航空服务投诉量同比上升79.9%,航班延误深受诟病。"霸机门""下跪门""群殴门""拒载门"……国内多个机场因航班延误引发的旅客与航空公司的纠纷,因为没有得到妥善解决而导致矛盾升级,恶性群体事件屡有发生,航空公司声誉、效益严重受损。

(材料来源:《人民日报·海外版》,2010年10月30日)

(四)熟练掌握语言技巧

民航服务人员在与旅客沟通的过程中,要熟练地掌握语言技巧。一方面,要注意遣词造句;另一方面,要注意说话时的语音、语气和语调。通常来说,温柔的语气给人以温和感,表现的是爱与友善;强硬的语气给人以挤压感,表现的是憎恶和厌烦;声音洪亮、中气十足,给人以跳跃感,

表现的是喜欢和欣然；粗重的呼吸和声音给人以震动感，表现的是愤怒和威吓；等等。特别是在面对不配合的旅客时，民航服务人员在处理事情时，要注意说话的语气和语调，不要伤及他们的自尊心，即便是旅客强词夺理，也要用诚意去打动他。只有熟练掌握了语言技巧，才能最大限度地消除障碍，化解误会。

（五）养成"三诚"

"三诚"即所谓诚心、诚恳、诚实。现在的沟通倡导"以对方为中心"，要站在对方的立场上考虑问题。民航服务人员的内心思想、心态以及说话的原则都需要进行自我塑造和培养。

1. 诚心

古语云："诚于内而形于外。"诚心就是要具备一颗正直、诚实的心。这种诚心，别人是能从相貌、声音等外在表现感觉到的，无形中可以使得别人更快地接受你，使沟通更为顺畅。

2. 诚恳

诚恳是一种态度，你希望别人用什么样的态度来对自己，你就得先以什么样的态度对待别人。要善于发现他人身上的优点，谦虚地向他人学习。

3. 诚实

诚实是一种说话的原则，具有相对性，并非绝对。在不同的时间、场合，面对不同的人，诚实的体现也要视当时的具体情况而定。

因此，民航服务人员在与旅客沟通时，要以对方为中心，展现出自己诚恳的态度，表现出诚意，这样才能和旅客达成共识，起到沟通的作用。

阅读材料2—39：

### 日本航空公司是如何应对航班延误的

日本航空运输业非常发达，全国不同规模的航空公司有十余家，业界竞争激烈。为争夺客源，各家航空公司均在设法提高服务质量的同时，建立了比较完善的应对航班延误等突发事件的应急机制。

1. 第一时间向乘客发布航班延误信息

日本各家航空公司的普遍做法是：一旦航班出现延误或取消等情况致使乘客无法按时抵达目的地，航空公司都会在最短时间内通过各自的网站、售票网点和向购票乘客发送手机短信等方式发布信息，以使乘客尽快了解情况，及时调整行程。

各家航空公司的网站和售票点还向乘客详细介绍了出现不同特殊情况时，航空公司和乘客各自所需承担的责任和费用，一旦航班延误或取消，航空公司都会按照规定迅速履行承诺，尽可能地向乘客提供满意的服务，而乘客通常也会根据自身需求做出选择。

如果由于天气、突发事件、空中交通管制、安检以及乘客自身等不可预测的客观原因导致飞机不能按时起降、乘客长时间滞留时，航空公司会安排乘客的食宿，但住宿费用由乘客承担；如果是由于航班调度和飞机机械故障等航空公司的原因而发生航班延误时，则由航空公司承担乘客的全部食宿费用。

此外，日本各航空公司在机票变更方面有比较详细的规定，同一航线内的机票有效期可以延长 30 天；普通票、往返折扣票、儿童票和残疾人票在机票有效期内和期满的 10 天内都可全额退票；乘客在乘飞机后未到原定目的地而中途改变行程，其剩余航程的票价也可全部退还，不收取任何手续费。

2. 以乘客为本，防患于未然

健全应急机制，备用机组和人员能在发生特殊情况时迅速就位执行任务。

日本航空业界的"领头羊"日本航空公司（Japan Airlines，简称日航）2009 年共飞行近 21.65 万个航班，准点到达率为 90.96%，在全球 46 家知名航空公司中居首位。日航使用先进技术实时监控机场、航线及飞机的运行状况，及时调整航班。

在日航总部大楼的运控中心，总调度组、气象组、机场组、飞机保养组等工作人员在各自的电脑前分别监视着各个机场、各条航线的气象情况及飞机运行状况等动态。日航运控中心飞行日程统筹室企划组经理佐野圭介绍说，以国内航线为例，日航每天都有 3 到 4 架备用飞机停靠羽田机场，后备机组人员在羽田机场待命以应对各种突发事件导致的航班延误。

据日航空港企划部乘客组经理冈田敏志介绍，2009年发生在泰国曼谷的游行示威一度造成曼谷机场关闭，日航曼谷分公司工作人员在告知日本国土交通省后，成功通过曼谷郊外一座军用机场将大批滞留当地的日本乘客运送回国。为此，分公司工作人员在曼谷市内的办公场所为乘客办理了登机手续，尽可能地为没有事先预订日航客票的乘客协调空余座位，并安排乘客统一乘坐巴士到军用机场登机回国。

此外，在2010年冰岛火山喷发导致欧洲航空运输系统瘫痪期间，日航也成为全球第一个将本国滞留乘客成功运送回国的航空公司。日航运营控制中心企划部的森智彦介绍，日航从日本飞往欧洲的航班通常经由俄罗斯上空飞抵欧洲各大机场，但在冰岛火山灰覆盖欧洲大面积空域后，日航派出飞机跨越太平洋抵达纽约待命，并在获悉罗马机场由于位置偏南可以允许飞机起降的消息后，第一时间抵达罗马机场接回本国乘客。

3. 提前告知乘客与航空公司各自应承担的责任和义务

对乘客进行安全教育和常识教育。根据日航的要求，乘客必须在飞机起飞10分钟前到达登机口，过时不候。乘客购买的机票上明确写有关于航班延误的处理措施以及乘客与航空公司各自应承担的责任和义务。日航的网站和售票点也都对乘客进行详细告知，对乘客进行安全教育和常识教育。

（材料来源：《经济参考报》，2010年9月28日）

## 30条人际交往小技巧

1. 多给别人鼓励和表扬，尽量避免批评、指责和抱怨，不要逼别人认错。

2. 要学会倾听。不要说得太多，想办法让别人多说。

3. 如果你要加入别人的交谈，先要弄清楚别人究竟在说什么。

4. 交谈之前尽量保持中立、客观。表明自己的倾向之前，先要弄清楚对方真实的倾向。

5. 注意对方的社交习惯并适当加以模仿。

6. 不要轻易打断、纠正、补充别人的谈话。

7. 别人有困难时，主动帮助，多多鼓励。

8. 不要因为对方是亲朋好友而不注意礼节。

9. 尽可能谈论别人想要的，教他怎样去得到他想要的。

10. 始终以微笑待人。

11. 做一个有幽默感的人。但是在讲笑话的时候千万不要只顾着自己笑。

12. 做一个脱离低级趣味的人。

13. 跟别人说话的时候尽量看着对方的眼睛，不管你是在说还是在听。

14. 转移话题要尽量不着痕迹。

15. 要学会聆听对方的弦外之音，也要学会通过弦外之音来委婉地表达自己的意思。

16. 拜访别人一定要事先通知。

17. 不要在别人可能忙于工作或者休息的时候打电话过去。除非是非常紧急的事情。

18. 给别人打电话的时候，先问对方是否方便通话。

19. 一件事情让两个人知道就不再是秘密。

20. 你在背后说任何人的坏话都迟早有一天会传入这个人的耳朵。

21. 不要说尖酸刻薄的话。

22. 牢记他人的名字。养成翻看名片簿、电话本的习惯。

23. 尝试着跟你讨厌的人交往。

24. 一定要尊重对方的隐私，不管是朋友还是夫妻。

25. 很多人在一起的时候，当你与其中某个人交谈，请不要无视其他人的存在。

26. 要勇于认错。

27. 以谦卑的姿态面对身边的每一个人。

28. 给予他人同情和谅解。

29. 尽可能用"建议"取代"命令"。

30. 不要轻易做出承诺。承诺的事情就一定要尽可能做到。

(材料来源：人人网)

**思考与练习**

1. 什么是沟通？沟通在民航服务中有什么作用？
2. 民航服务人员如何运用身体语言与旅客进行良好的沟通？
3. 民航服务中的沟通障碍有哪些？民航服务人员应该如何避免产生这些沟通障碍？

# 模块三　素质篇：优秀的民航服务人员

## 项目一　民航群体心理与团体建设

**项目导读：**

在民航服务过程中，每位旅客看起来都好像是独立的个体，但是在一定的条件下，当旅客的共同利益一致时，原来独立的个体就会成为一个旅客群体。民航服务工作的性质要求民航服务人员形成一个团队，团队成员要精诚合作，密切配合，这是一项群体性的工作。

**学习目标：**

1. 掌握群体概念、特征及分类。
2. 了解民航旅客群体的特殊性。
3. 了解团队的特征及价值。
4. 了解团队建设的心理机制。
5. 掌握团队建设的途径。
6. 掌握团队建设的方法和技巧。

## 一、群体的概念及特征

人不是单独孤立地存在社会中,他们总会因为一定的关系而形成群体,如共同的利益、共同的关系、共同的兴趣爱好或共同的目标。所以群体是由两个或两个以上因某种关系而联系在一起的个体组合体。它们互相结合,不存在独立表现的可能性,其具体表现如下。

(1) 各成员之间相互依附,在心理上彼此意识到对方的存在;

(2) 各成员之间在行为上有共同的规范,彼此相互影响;

(3) 各成员具有群体意识,即具有"我们同属于一群",是这个群体中的一员的感受;

(4) 各成员的心理与行为,以实现某种共同的目标为宗旨。

## 二、群体的分类

群体的分类很多,可以按照以下不同的标准来划分。

(一) 根据群体结合方式、群体结构和形成原则划分

根据上述标准,可将群体可分为正式群体和非正式群体。这种划分最早是由美国心理学家埃尔顿·梅奥基于霍桑的实验提出来的。

1. 正式群体

是指由正式文件明文规定,群体的成员有固定的编制,有规定的权利和义务,有明确的职责分工的群体。这种群体是为了完成一定的任务,达到组织设定的特殊目标而设立的。群体成员之间有正式的共同目标和权益关系,每个成员都有明确分工,都要承担规定的职责和义务;群体有正式的规章制度和行为规范,群体成员必须严格遵守;正式群体能够满足成员的归属感,成员在群体中有服从心理;个体加入群体需要履行一定的手续,群体成员之间的关系一般比较正式而稳定。例如,民航公司是一个大的正式群体,而各个职能部门是小的正式群体。

2. 非正式群体

非正式群体是相对于正式群体而言的,是指不经官方规定,既没有正式结构,也不由组织确定的联盟,是人们在交往中自发形成的。这种群体没有明确的章程,也没有明确的权利和义务的分配。一般来说,是由一些

性格接近、志趣相投、情感接近、关系密切的个体集合而成。他们之间关系亲密，成员之间有很强的归属感。

（二）根据群体规模的大小划分

根据规模大小，可将群体划分为大型群体和小型群体。在大型群体中群体成员之间是以间接的方式（通过群体的目标、各层组织机构等）联系在一起的。在小型群体中，由于人们之间有直接接触，因此，心理因素的作用相对来说要大于大型群体中的作用；反之，在大型群体中，社会因素比心理因素有更大的作用。

（三）根据群体开放程度划分

根据群体的开放程度，可将群体划分为开放群体和封闭群体。

1. 开放群体

群体中经常更换成员，成员来去自由，群体中成员的地位和权力不稳定。开放群体由于人员不稳定，所以不适合长期的任务，但也有其好处，例如因经常输入"新鲜血液"而可以吸收新思想和新型人才，这种群体对周围环境的适应能力也比较强。

2. 封闭群体

其成员比较稳定，封闭群体成员等级关系分明。

以上两种类型的群体适合于不同类型的活动。例如，对于长期规划，封闭群体更有效；对于发展新思想和新产品，开放群体更有效。封闭群体具有历史的眼光，而开放群体则着眼于现在。

（四）根据群体是否实际存在进行划分

根据群体是否实际存在而进行的划分，可以将群体划分为假设群体和实际群体。

1. 假设群体

假设群体指实际上并不存在，只是为了研究或统计的需要而划分出来的群体。例如，在研究组织中各类人员的需求特点时，可按工人、技术员等划分出不同的群体来研究。

2. 实际群体

实际群体是指实际上存在的群体，群体之间有直接或间接的联系。正式群体和非正式群体、大群体和小群体等都是实际群体。

### （五）根据群体在人们心目中的形象划分

根据群体在人们心目中的形象，可以将其划分为参照群体和非参照群体。

#### 1. 参照群体

参照群体也称为标准群体或榜样群体。某一群体的标准、目标、规范因其有优势而成为我们要努力实现的目标，则该群体被称为参照群体。这种群体的标准与目标对人们的行为起着引导、制约和修正作用。

#### 2. 非参照群体

非参照群体是指那些存在于社会活动中，但是其标准和目标还不足以成为人们行动之楷模的一般性群体。

### （六）根据群体成员个体间关系的密切程度划分

群体可划分为松散型群体、联合群体与集体。这是苏联心理学家A.B.彼得罗夫斯基依据群体的发展水平对群体所做出的划分。

#### 1. 松散群体

松散群体是指人们在单纯的时间与空间上结合成的群体。他们之间没有情感的归属与依托，没有相同的兴趣、爱好、规范、目的和意义等，彼此之间也没有约束。此类群体的形成只不过是因为在相同的时间聚在一起而已。例如，同一架飞机上的乘客、同一间病房的病人、同一个商场的购物人员。

#### 2. 联合群体

联合群体指因共同的活动或关系等因素而结合在一起的群体。联合群体中的成员在共同生活中，追求的是个人利益。他们之间的关系可以是合作、竞争或服务的关系。例如，在一个国际比赛中，中国有两位选手，其他国家各有一位选手，两位中国选手之间既是合作关系，又是竞争关系。又如，飞机上民航服务人员与旅客的关系是服务者与被服务者的关系。

#### 3. 集体

集体是群体发展的最高阶段，成员间有共同利益，成员相互帮助，以完成共同的目标。他们在重视个人利益的同时，关注集体的利益，当个人利益与集体利益发生冲突时，个人利益服从集体利益。在集体中人员有情感的归属、彼此间认可的需要，有信息共享和实现共同目标的需要。

### 三、民航旅客群体的特殊性

在民航服务过程中，如果航班正常，旅客是一个独立的个体，相互之间没有联系。但是如果航班不正常或服务出现问题时，原来一个个独立的个体就会形成一个群体，在心理、行为以及目标上就会表现出民航旅客群体自身的特殊性。

（一）心理上的认知性

一旦民航旅客形成群体以后，由于共同的需要，每一个旅客都意识到其他旅客成员的存在，也意识到自己是这个群体中的一员，大家都有"我们同属于一群"的心理感受。

（二）行为上的联系性

旅客群体成员为了维护自身的权益，在行为上必然相互影响、相互作用、相互补充，组成完整的行为系统，有时会形成统一的行为。

（三）利益的依存性

由于同一个航班使旅客形成共同的利益，个体利益演变成群体利益。目标的共同性，即旅客群体有着为全体成员共同接受的目标，这个目标在服务过程中往往使旅客团结一致。

阅读材料 3-1：

## 谁来管我们

某航空公司到 Y 城的机票显示当晚 22 点 45 分起飞，22 点 30 分乘客甲起身询问负责检票的工作人员为何还不检票，一位工作人员随手指指窗外，没有表情地说："下雨飞不了！"接着在检票台前出现了一张标有"因航班延误，请耐心等待"的纸条。随后，多位乘客围上来询问。面对越来越多的询问旅客，几位工作人员一律回答："不清楚！"此时，有工作人员吃起了饭。甲不高兴地说："我们等了一夜，你们就知道自己吃饭，怎么不给我们提供啊？"这位工作人员慌忙打了个电话，20 多分钟后，盒饭和瓶装水堆在了乘客面前，由乘客自取。一位乘客问是否有热水，工作人员不耐烦地说："开水间在那儿。"一位女乘客问是否可将空调开一下或提供毛毯，得到的回答是："这是机场的事情。"零点左右，乘客们开始骚动起来。甲问正要离开的工作人员现在是什么时间，他回答："不清楚。"最后甲在地面人员的安排下终于登上了去宾馆的大巴。到宾馆后，乘客们才发现，这里竟没有一位航空公司的工作人员。争吵、叫骂、推搡，几位乘客因房间安排和宾馆人员撕扯起来。甲立刻打电话到该航空公司客服部质问，客服部人员回答说马上回电，可再拨打时，却再也没有拨通。第二天乘客在飞机上为了索赔先是拒绝登机，后来又发生了拒绝下机的事件，双方僵持不下。

民航群体性事件有其特殊性，完全有别于社会上其他的群体性事件。除极个别情况外，矛盾的双方一般不具有严重的利益冲突，也很少出现激烈的对撞。事件的诱因往往以双方的不信任和不理解为前提，在特定场合和特定时间因为一件小事或一连串的问题得不到满意的解决而逐渐升级，最后导致旅客群体事件的发生。

（材料来源：魏敏，民航资源网，2009年1月6日）

### 四、团队

团队是一种特殊的组织，团队文化是一种特殊的组织文化。团队使人的工作更有效率，对工作和组织有更高的要求。因此，搞好团队建设，对于提高工作效率，加强管理是十分必要的。

（一）团队的概念

团队是由员工和管理层组成的一个共同体，它合理地利用每一个成员的知识和技能协同工作，解决问题，达到共同的目标。团队和群体有着一些根本性的区别，群体可以向团队过渡。团队的构成要素被总结为5P，分别为目标、人、定位、权限、计划。

1. 目标（Purpose）

团队应该有一个既定的目标为团队成员导航，知道要向何处去，没有目标这个团队就没有存在的价值。

2. 人（People）

人是构成团队最核心的力量，两个（包含两个）以上的人就可以构成团队。目标是通过人员具体实现的，所以人员的选择是团队中非常重要的任务。在一个团队中可能需要有人出主意，有人订计划，有人实施，有人协调不同的人一起去工作，还有人去监督团队工作的进展、评价团队最终的贡献。不同的人通过分工来共同完成团队的目标，在人员选择方面要考虑人员的能力如何，技能是否互补，人员的经验如何。

3. 定位（Place）

团队的定位包含两层意思：

（1）团队的定位。团队在企业中处于什么位置，由谁选择和决定团队的成员，团队最终应对谁负责，团队采取什么方式激励下属。

（2）个体的定位。作为成员在团队中扮演什么角色，是制订计划还是具体实施或评估。

4. 权限（Power）

团队当中领导人的权力大小跟团队的发展阶段相关。一般来说，团队越成熟领导者所拥有的权力相应越小，在团队发展的初期阶段领导权是相对比较集中的。

5. 计划（Plan）

计划有两层含义：

（1）目标最终的实现，需要一系列具体的行动方案，可以把计划理解成目标的具体工作程序。

（2）提前按计划进行可以保证团队的工作进度。只有在计划的指导下团队才会一步一步地接近目标，最终达到目的。

（二）团队的特征

1. 清晰的目标

团队对其要达到的目标应该有清楚的认识，并坚信这一目标包含重大的意义和价值。而且，这种目标的重要性还激励着团队成员把个人目标升华到群体目标。在有效的团队中，成员愿意为团队目标做出承诺，清楚地知道他们做什么工作，以及他们怎样共同工作并实现目标。例如，在航班飞行中，飞机驾驶员的工作目标就是安全驾驶飞机，乘务员的工作目标就是为旅客提供优质的服务，空中安全员的工作目标就是维护航班飞行秩序。他们都在机长的带领下完成飞行任务。

### 2. 相互的信任

成员间相互信任是团队的显著特征。也就是说，每个成员对其他人的品行和能力都确信不疑。我们在日常的人际关系中都能够体会到，信任这种东西是相当脆弱的，它需要花大量的时间去培养而又很容易被破坏。而且，只有信任他人才能换来他人的信任，不信任只能导致不信任。

### 3. 相关的技能

团队具备实现目标所必需的技术和能力，而且相互之间有良好合作的个人品质，从而能出色完成任务。后者尤为重要，但却常常被人们忽视。有精湛技术能力的人并不一定就有处理群体内关系的高超技巧，而高效团队的成员则往往兼而有之。

### 4. 一致的承诺

团队成员对团队表现出高度的忠诚，为了能使群体获得成功，他们愿意去做任何事情，我们把这种忠诚和奉献称为一致的承诺。对成功团队的研究发现，团队成员对他们的群体具有认同感，他们把自己属于该群体的身份看作是自我的一个重要方面。因此，一致的承诺的特征表现为对群体目标的奉献精神，愿意为实现这一目标而调动和发挥自己的最大潜能。

### 5. 良好的沟通

群体成员通过畅通的渠道交流信息，包括各种言语和非言语交流，团队成员之间健康的信息反馈也是良好沟通的重要特征，它有助于指导团队成员的行动，消除误解。就像一对已经共同生活多年、感情深厚的夫妇那样，高效团队中的成员能迅速而准确地了解彼此的想法和情感。

### 6. 谈判技能

以个体为基础进行工作设计时，员工的角色由工作说明、工作纪律、工作程序及其他一些正式或非正式文件明确规定。但对高效的团队来说，其成员角色具有灵活多变性，总在不断进行调整。这就需要成员具备充分的谈判技能。由于团队中的问题和关系时常变换，成员必须能面对和应付这种情况。

### 7. 恰当的领导

有效的领导者能够让团队跟随自己共同度过最艰难的时期，因为他能为团队指明前途所在，向成员阐明变革的可能性，鼓舞团队成员的自信心,帮助他们更充分地了解自己的潜力。优秀的领导者不一定非得指示或控制,高效团队的领导者往往担任的是教练和后盾的角色,对团队提供指导和支持,但并不试图去控制它。

8. 内部和外部的支持

从内部条件来看,团队应拥有一个合理的基础结构。这包括适当的培训、一套易于理解的并用以评估员工总体绩效的测量系统,以及一个起支持作用的人力资源系统。恰当的基础结构应能够支持并强化成员行为以取得高绩效水平。从外部条件来看,管理层应给团队提供完成工作所必需的各种资源。

(三)团队的类型

根据团队存在的目的和拥有自主权的大小可将团队分成以下三种类型。

1. 问题解决型团队

它是指组织成员就如何改进工作程序、方法等问题交换看法,对如何提高生产效率和产品质量等问题提出建议。问题解决型团队的核心点是提高生产质量、提高生产效率、改善企业工作环境等。在这样的团队中成员就如何改变工作程序和工作方法相互交流,提出一些建议。成员几乎没有什么实际权力来根据建议采取行动。

2. 自我管理型团队

它是新型横向型组织的基本单位。自我管理型团队是早期团队方式发展的产物,增加了自我管理、自我负责、自我领导。例如,许多公司都使用跨职能团队以获得跨部门的协作,用任务组来完成临时项目。

3. 多功能型团队

多功能型团队也叫跨职能团队,由来自同一等级、不同工作领域的员工组成,他们走到一起的目的就是完成某项任务。多功能型团队是一种有效的团队管理方式,它能使组织内(甚至组织之间)不同领域员工之间交换信息,激发产生新的观点,解决面临的问题,协调复杂的项目。但是多功能型团队在形成的早期阶段需要耗费大量的时间,因为团队成员需要学会处理复杂多样的工作任务。在成员之间,尤其是那些背景、经历和观点不同的成员之间,建立起信任并能真正地合作也需要一定的时间。

#### (四) 团队的价值

实践表明，团队建设在许多企业中获得了成功。一些专家学者对团队的价值做了如下的概括：

第一，对员工来说，首先，团队能够提高员工的参与程度和责任感，使工作变得更有趣，因而有助于提高员工的工作积极性；其次，在团队中工作，增加了员工之间的相互交流，能够满足员工的社会需求和建立友情的情感需求，工作在友好合作气氛下的员工，能够更好地应对压力，增强员工的工作满意度；最后，推行团队工作几乎总是与个人技能的拓展、培训分不开的，因此团队工作提高了员工的技术、决策和人际协调能力。

第二，对团队绩效来说，由于团队目标和任务的共同承诺，增加了团队成员的协同活动，使组织在减员的情况下，依然可以保持和提高生产效率。团队不仅要求成员加强内部的相互交流，而且有许多团队之间是相互依赖的，因而也促进了组织范围内的沟通。

第三，对于组织来说，团队工作节省了人力，降低了成本，提高了效率，增强了组织的灵活性。团队工作拓展了员工的技能范围，许多员工和工作岗位并不是不可替代的，如果需要，组织可以随时重组团队，重新分配任务。

### 五、团队的建设

#### (一) 团队建设的心理机制

团队建设的心理机制，关键在于在团队成员之间创造统一感和归属感，形成相互理解、尊重、合作的氛围；必须能够把团队的其他人看成是"我们"，而不是"他们"，使成员为自己的团队感到自豪。

1. 共生效应

共生效应，是指个体与个体或个体与群体之间相互依存、相互激励的社会心理现象。每个人虽然是独立的生物和社会实体，但却不能孤立地存在，而是需要在有人群构成的外部环境中生存和发展。每个人都离不开他人，而每个人又都是他人生存和发展的条件。

民航机组人员建立团队，最重要的是在认知上形成这样一种强烈的、积极的"我们感"和归属感。团队成员相互认同，把自己的团队看成是

"我们",而不仅仅是一群人的集合体。这种"我们感"是根源于人类的本性的。我们是社会性的动物,我们是在相互依存的群体中成长的,我们在与他人合作时才会感到安全。团队正是基于人的这种心理基础,同时团队建设也应创造这样一种环境,使每一个成员认同这个团队,共生共存。如果团队成员不把自己看成是"我们",如果他们在其他群体寻找自己的社会身份,那么这个团队也就名存实亡了。

2. 情绪认同

（1）情绪认同是客观存在的社会心理现象,它证明群体与群体任何成员具有共同感受的能力。

（2）接近于集体类型的群体有产生情绪认同的最有利的条件。在松散群体和违法群体中,这种认同的表现很差,或者完全没有。

（3）在集体中,成员把自己与其他成员视为同一,体验他人的心情如同体验自己本身的心情。这种有效情绪认同便可以改变他们的行为：虽然危险只威胁一个人,但是群体的所有成员都像自己面临危险将要受到惩罚时一样。

在集体中,表现"我们感"的最重要的形式之一是每个人在情感上加入这个集体,个人有意无意地把自己和集体视为一体。真正团队的特点是：在成功或者是失败时,有共同的感受,有情绪上的温暖和同情,为每一个人的成功而自豪和高兴,相信自己的团队是名副其实的工作集体。

有效的情绪认同,取决于个人把自己与其他成员视为同一到什么程度,个人对待群体中的任何成员的态度积极到什么程度。

3. 心理相容

心理相容是群体成员之间心理上的相互理解、容纳和协调,亦即群体内成员之间的心理流和心理面是处于一个同频共振的心理场中,一个人或者若干人的行为引起了群体的肯定性反应。

心理相容是群体成员产生相同感受的基础。人们观点和信念的一致性是产生心理相容最主要的原因,而群体内成员相互间物质利益分配的合理性是心理相容的根源。心理相容对于群体极为重要,它在很大程度上决定着群体的风气、领导的风格、目标的实现、工作效率的高低和群体成员的心理健康、情绪反应、能力发挥和人格的健全。

**4. 社会表现**

社会表现就是团队成员确立起的一些共同信仰或观念。我们从别人那里得到它，又不断地进行调整，使其融入我们个人的信仰、观念和行为中。随着时间的推移，一个稳定的工作群体中的成员会逐渐了解和理解彼此的信仰。在团队中，即使每个人都有自己的信念，但是仍然拥有许多与其他成员相同的社会表现。

团体的社会表现反映了团体的背景、权力结构、人际关系。它通过符号、语言、形象和行动表现出这些背景和关系，反映了人们在这种背景下是如何工作、如何生活的。

共同的信念可以成为人们决定采取行动或者不采取行动的有利因素。它服务于一种功能，使我们能够调整自己的爱好和行为，并且使其理性化。能否达成共识，更多的是以行动而不是语言来表现的，有些共识是含蓄的、隐蔽的。例如，一个经理大力提倡员工与上级之间的意见交流，但是员工们知道如果真的直言不讳，就会带来许多麻烦。因此，如果仅仅通过人们的语言表达，是难以识别出一个团体是否达成共识，或者在哪些方面有共识的。

什么样的共识有利于团队的管理呢？以团队为基础的工作方式，首先意味着摆脱了权威的束缚，实际上也意味着改变组织内权力的运用方式。因此最重要的共识应当是互相尊重，它包括团队成员之间的互相尊重，以及管理人员对团队工作的尊重等。

**5. 参与心理**

无论是工作积极性、责任感，还是生产效益方面，参与管理都有其独特的影响。具体而言，对责任感和生产效益的影响因素中，"参与管理"都能达到显著水平。更值得重视的是奖金显示出的作用。这些参与管理的效果，事实上在群体参与时才能体现。因为个人参与提出的意见，即使很有价值，在没有赢得群体的统一认识以前，也是很难拍板决定并贯彻执行的。团队工作方式的出现，本身就体现着组织对员工参与的重视。不仅如此，团队尤其是自我管理型团队的工作基础之一就是成员的参与。

综上所述，团队建立和工作的心理机制，首先是使成员属于这个团队，其次是使成员分享和表现这个团队。

## (二)团队建设的途径

团队建设的途径选择随团队的目标、内容和成员对象的不同而不同。但归纳起来,主要有角色途径、价值观途径、任务导向途径和人际关系途径四种。

### 1. 角色途径

角色途径,即侧重从团队角色和成员角色方面进行团队建设,它是深受团队建设者喜爱的一种方法。成功的团队往往由不同性格的人承担其合适的角色组成。在团队建设中,应注重团队角色和团队成员角色的确定与分配。每个团队既承担一种功能,又承担一种团队角色。一个团队如何在功能与团队角色之间找到一种令人满意的平衡,则取决于团队的任务。团队的效能取决于团队成员内的各种相关力量,以及按照各种力量进行调整的程度。分配团队成员的角色,需考虑他们的专长、个性和智力等因素。一个团队只有有了适当的范围、平衡的团队角色,才能充分发挥其技术资源优势。

### 2. 价值观途径

团队建设的一个重要内容是在团队成员之间就共同价值观和某些原则达成共识,形成团队价值观。形成团队价值观必须注意以下五个方面:

(1) 明确。必须明确建立团队的目标、价值观及指导方针,而且经过多次讨论。

(2) 鼓动性价值观。这些观点必须是团队成员相信并且愿意努力工作去实现的。

(3) 力所能及。这些观点的实现须处于团队成员能力范围之内,否则只能是空谈。

(4) 共识。所有团队成员都支持这一观点是至关重要的,否则他们可能发现各自的目标彼此相反或有无法调和的根本冲突。

(5) 发展潜力。团队共识必须具有在未来进一步发展的潜力,拥有固定的、无法改变的团队共识是没有意义的。因为人员在变、组织在变、工作的性质也在变,需要经常重新审视团队共识,以确保它们仍然能够适应新的情况和新的环境。

3. 任务导向途径

以任务为导向的建设途径，强调团队要完成的任务。按照这一途径，团队必须清楚地认识到某项任务的挑战，然后在已有的团队知识基础上研究完成此项任务所需要的技能，并设定具体的目标和工作程序，以确保完成任务。

(1) 确定任务的轻重缓急，并确定指导方针。

(2) 按照技能和技能潜力，而不是个人性格选拔团队成员。

(3) 对第一次集会和行动予以特别关注。

(4) 确立明确的行为准则。

(5) 确定并且把握几次紧急的，以此为导向的任务和目标。

(6) 定期用一些新的事实和信息对团队成员加以考验。

(7) 让成员共度尽可能多的时光。

(8) 充分发挥积极的反馈、承认和奖励的作用。

4. 人际关系途径

人际关系途径即通过在团队成员间形成较高程度的理解与尊重，来推动团队的工作。这类途径主要依据实验心理学的原理，通过培训和实验开展成员之间的沟通和交流，增强成员之间的理解、信任和合作。

(三) 团队的发展阶段

团队发展由五个阶段组成：组建期、激荡期、规范期、执行期和休整期。五个阶段都是必需的、不可逾越的。团队在成长、迎接挑战、处理问题、制订方案、执行规划、评析结果等一系列过程中必然要经过这五个阶段。认识这五个阶段，可以为团队发展提供指导。

1. 组建期——启蒙阶段

(1) 团队组建期概况。

- 项目团队：刚刚组建，确定团队成员的相互关系。

- 团队成员：行为具有相当大的独立性，成员只不过是单独的个体，不清楚他们的角色和责任是什么。

- 团队领导：指挥或告知式领导。在带领团队的过程中，要确保团队成员之间建立起一种相互信任的工作关系，与团队成员分享团队发展阶段的团队理念，达成共识。

（2）团队组建的两个重点。

形成团队的内部结构框架。

- 团队的任务是什么？
- 团队中应包含什么样的成员？
- 是否该组建这样的团队？
- 成员的角色如何分配？
- 团队的规模有多大？
- 建立团队与外界的联系。
- 建立团队与组织的联系。
- 确立团队权限。
- 建立团队考评与激励体系。

（3）帮助团队度过第一阶段。

- 宣布对团队的期望。
- 与成员分享成功的愿景。
- 提供团队明确的方向和目标。
- 提供团队所需的资讯。
- 帮助团队成员彼此认识。

2. 激荡期——形成阶段

（1）激荡期概况。

- 项目团队：获取团队发展的信心，但是存在人际冲突、分化的问题。
- 团队成员：面对其他成员的观点、见解，更想展现个人的性格特征。对于团队目标、期望、角色以及责任的不满和挫折感被表露出来。
- 团队领导：教练式领导。指引项目团队度过激荡转型期，强调团队成员的差异，相互包容。

（2）激荡期特点。

人们遇到了新观念的挑战，成员之间、领导者与成员之间会发生一些冲突；成员在其他团队和传统的组织结构中没有碰到的新技术也是一种挑战，以及一些人们觉得不适应的，过去在组织中没有的新规范等，均可成为一种挑战。

（3）帮助团队度过第二阶段。

- 最重要的是安抚人心。
- 认识并处理冲突。
- 化解权威与权力，不容许以权压人。
- 鼓励团队成员对有争议的问题发表自己的看法。
- 准备建立工作规范（以身作则）。
- 调整领导角色，鼓励团队成员参与决策。

3. 规范期——稳定阶段

（1）规范期概况。

- 项目团队：效能提高，团队开始形成自己的工作约定。
- 团队成员：调节自己的行为，使得团队发展更加自然、流畅，有意识地解决问题，实现组织和谐。
- 团队领导：参与式领导。允许团队有更大的自治权力。

（2）规范期特点。

激荡期的人际关系开始解冻，由敌对情绪转向相互合作，人们开始互相沟通，寻求解决问题的办法，团队这时候也形成了自己的合作方式，形成了新的规则，人们的注意力开始转向任务和目标。通过第二阶段的磨合，此时进入稳定期，人们的工作技能开始提升，新的技术慢慢地被掌握。工作规范和流程也已经建立，这种规范和流程代表的是团队的特色。

（3）帮助团队度过第三阶段。

团队要顺利地度过第三阶段，最重要的是形成团队的文化和氛围。团队精神、凝聚力、合作意识能不能形成，关键就在这一阶段。团队文化不可能通过移植实现，但可以借鉴、参考其他团队的文化，从而形成自己的文化。这一阶段最危险的事就是大家因为害怕冲突，不敢提一些正面的建议，生怕得罪人。

4. 执行期——高效阶段

（1）执行期概况。

- 项目团队：运作如一个整体。工作顺利、高效，没有冲突或冲突较少，不需要外部监督。
- 团队成员：对于任务层面的工作职责有清晰的理解。团队成员即使在没有监督的情况下自己也能做出决策。随处可见"我能做"的积极工作态度，团队内互助协作风气浓厚。

- 团队领导：委任式领导。让团队自己执行必要的决策。

（2）执行期特点。

这个时期团队信心大增，具备多种工作技巧，协力解决各种问题；用标准流程和方式进行沟通，化解冲突，分配资源；团队成员自由而建设性地分享观点与信息；团队成员分享领导权，有一种完成任务的使命感和荣誉感。

（3）帮助团队度过第四阶段。

- 随时更新工作方法与流程；
- 通过承诺而非管制追求更佳结果；
- 给团队成员具有挑战性的目标；
- 监控工作的进展，承认个人的贡献。

5. 休整期——调整阶段

俗话说："天下没有不散的筵席。"任何一个团队都有它自己的寿命，执行期的团队运行到一定阶段，完成了自身的目标后，就进入了团队发展的第五个阶段——休整期。休整期的团队可能有以下三种结果。

（1）团队的任务完成了，解散。伴随着团队任务的完成，团队的使命即将结束，面临着解散的问题。这个时候成员的反应差异很大，有的人很悲观，觉得大家好不容易组合在一起，彼此间都形成了很好的印象，合作愉快，工作高效，却又面临解散了；也有一些人持乐观的态度，觉得没有白来一趟，完成了既定的目标，新的目标还在等待着自己。人们的反应差异很大，团队的士气可能提高，也可能下降。

（2）团队这一个任务完成了，下一项任务又来了，所以进入了休整期。经过短暂的休整，团队即将进入下一个工作周期。这个时候，新的团队又宣告成立，可能原来一部分成员要离开，新成员要进入，因为人员的选择跟团队的目标是有关联的。

（3）对于表现不太好的团队，将勒令整顿，整顿的一项重要内容就是优化团队的各种规范。通常不能达成目标的团队，往往是因为规范不够合理，流程不够科学，没有形成一套系统的方法。

### 六、团队建设的方法和技巧

团队建设是事业发展的根本保障,团队运作是业内人士长期实践的经验总结,至今没有一个人是在团队之外获得成功的。团队的发展取决于团队的建设,特别是民航服务团队的建设。团队建设应从以下几个方面进行。

#### (一)组建团队核心

团队建设的重点是培养团队的核心成员。俗话说"一个好汉三个帮",领导人是团队的建设者,应通过组建智囊团或执行团,形成团队的核心层,充分发挥核心成员的作用,使团队的目标变成行动计划,团队的业绩得以快速增长。

团队核心层成员应具备领导者的基本素质和能力,不仅要知道团队发展的规划,还要参与团队目标的制定与实施,使团队成员既了解团队发展的方向,又能在行动上与团队发展方向保持一致。大家同心同德,承上启下,心往一处想,劲往一处使。

#### (二)制定团队目标

团队目标来自公司的发展方向和团队成员的共同追求。它是全体成员奋斗的方向和动力,也是感召全体成员精诚合作的一面旗帜。

核心层成员在制定团队目标时,需要明确本团队目前的实际情况。例如,团队处在哪个发展阶段——组建阶段,上升阶段,还是稳固阶段;团队成员存在哪些不足,需要什么帮助,斗志如何,等等。

制定团队目标时,要遵循目标的 SMART 原则。

1. S(Specific)——明确性

所谓明确就是要用具体的语言清楚地说明要达成的行为标准。明确的目标几乎是所有成功团队的一致特点。很多团队不成功的重要原因之一就是因为目标定得模棱两可,或没有将目标有效地传达给相关成员。

2. M(Measurable)——衡量性

衡量性就是指应该有一组明确的数据,作为衡量是否达成目标的依据。如果制定的目标没有办法衡量,就无法判断这个目标是否实现。

3. A（Acceptable）——可接受性

目标是要能够被执行人所接受的，团队成员要更多地参与到目标制定的过程中，切实结合自身的团队特点和优势来制定团队整体的目标。

4. R（Realistic）——实际性

目标的实际性是指在现实条件下是否可行、是否具有可操作性。可能有两种情形：一方面领导者乐观地估计了当前形势，低估了达成目标所需要的条件，这些条件包括人力资源、硬件条件、技术条件、系统信息条件、团队环境因素等，以至于下达了一个高于实际能力的指标。另一方面，可能花了大量的时间、资源，甚至人力成本，最后确定的目标根本没有多大实际意义。

5. T（Timed）——时限性

目标的时限性就是指目标是有时间限制的。没有时间限制的目标没有办法考核，或者会导致考核的不公平、不公正。上下级之间对目标轻重缓急的认识程度不同，上司着急，但下属不知道。到头来上司可能暴跳如雷，而下属觉得委屈。这种没有明确的时间限定的方式也会带来考核的不公正，伤害工作关系，打击下属的工作激情。

（三）培训团队精英

培训精英的工作是团队建设中非常重要的一个环节。建立一支训练有素的民航服务队伍，能给团队带来很多益处：提升个人能力、提高整体素质、改进服务质量、稳定销售业绩。一个没有精英的团队，犹如无本之木，一个未经训练的队伍，犹如散兵游勇，难以维持长久的繁荣。训练团队精英的重点在于以下两方面。

1. 建立学习型组织

让每一个人认识学习的重要性，尽力为他们创造学习机会，提供学习场地，表扬学习进步快的人，并通过一对一沟通、讨论会、培训课、共同工作的方式营造学习氛围，使团队成员在学习中成为精英。

2. 搭建成长平台

团队精英的产生和成长与他们所在的平台有直接关系，一个好的平台能够营造良好的成长环境，提供更多的锻炼和施展才华的机会。

### （四）培养团队精神

团队精神是指团队的成员为了实现团队的利益和目标而相互协作、尽心尽力的意愿和作风，它包括团队的凝聚力、合作意识及士气。团队精神强调的是团队成员的紧密合作。

要培养这种精神，领导人首先要以身作则，做一个团队精神极强的楷模；其次，在团队培训中加强团队精神的理念教育；最重要的是，要将这种理念落实到团队工作的实践中去。

一个没有团队精神的人难以成为真正的领导人，一个没有团队精神的队伍是经不起考验的队伍，团队精神是优秀团队的灵魂、成功团队的特质。

### （五）做好团队激励

民航服务是一种与旅客打交道的行为，团队建设是容易与别人的观念发生冲突的工作，每个人要做好这一切，他所面临的最大挑战就是自己。因此，每个团队成员都需要被激励，领导者的激励工作做得好坏，直接影响到团队的士气，最终影响到团队的发展。

激励是指通过一定手段使团队成员的需要和愿望得到满足，调动他们的积极性，使其主动自发地把个人的潜力发挥出来，从而确保既定目标的实现。激励的方式多种多样：树立榜样、培训、表扬、奖励、旅游、联欢、庆祝活动等。最高层次的激励是增强使命感。当人们心中拥有了一种使命感，便有一种内在的驱动力使之全力以赴。

阅读材料3-2：

## 拓展训练

1. 拓展的起源

拓展的起源有一个故事。在第二次世界大战时，大西洋上有很多船只由于受到攻击而沉没，大批船员落水，由于海水冰冷，又远离大陆，绝大多数的船员不幸牺牲了，但仍有极少数的人在经历了长时间的磨难后终于得以生还。当人们在了解了这些生还下来的人的情况后，发现了一个令人非常惊奇的事实，就是这些生还下来的人不是人们想象的那样都是些身体强壮的小伙子，反而大多数是些年老体弱的人。经过一段时间的调查研究、了解情况，专家们终于找到了这个问题的答案：这些人之所以能活下来，关键在于这些人有良好的心理素质。当他们遇到灾难的时候，首先想到的是：我一定要活下去，有一种强烈的求生欲望。而那些年轻的海员可能更多的想到的是：这下我可能就完了，我不能活着回去了。

当时有个德国人库尔特·汉恩提议，利用一些自然条件和人工设施，让那些年轻的海员做一些具有心理挑战的活动和项目，以训练和提高他们的心理素质。后其好友劳伦斯在1942年成立了一所阿德伯威海上训练学校，以年轻海员为训练对象，这是拓展训练最早的一个雏形。

第二次世界大战以后，在英国出现了一种叫作OUTWARD-BOUND的管理培训，这种训练利用户外活动的形式，模拟真实管理情境，对管理者和企业家进行心理和管理两方面的培训。拓展训练由于具有非常新颖的培训形式和良好的培训效果，很快就风靡了整个欧洲的教育培训领域并在其后的半个世纪中发展到全世界。

至今，在全世界28个国家和地区共成立了48所由OUTWARD-BOUND统一命名的拓展训练学校。这些拓展训练学校已经成为一个国际训练组织，它的总部设在加拿大的渥太华。国际拓展组织有一个共同的使命宣言：激发自尊、帮助他人、服务社会、放眼未来。

"努力/放弃"（积极/消极）的心理力学模型以及"体验、了解、控制、超越"的心理适应规律，其基本原理为：通过户外体验项目活动中的情景设置，使参加者充分体验所经历的各种情绪，尤其是负面情绪，从而深入了解自身（或团队）面临某一外界刺激时的心理反应与后果，进而学会控制、实现超越。

2. 拓展培训的意义

拓展培训融合了高挑战及低挑战的元素，不论个人还是团队，都可透过危机感、领导、沟通、面对逆境和辅导的培训而得到提升。拓展培训强调学员去感受学习，而不是仅仅在课堂上听讲。研究资料表明，传统课堂式学习的吸收程度大约为25%，而要求学员参与实际操作的体验式学习吸收程度高达75%，能更加有效地将资讯传授给学员。拓展培训正是一种典型的户外体验式培训。

以体验、经验分享为教学形式的拓展训练的出现，打破了传统的培训模式，它并不灌输某种知识或训练某种技巧，而是设定一个特殊的环境，让学员直接参与整个教学过程，在参与的同时，去完成一种体验，进行自我反思，获得某些感悟。它吸收了国外先进的经验，同时注意适应中国人的心理特征与接受风格，将大部分课程放在户外，精心设置了一系列新颖、刺激的情景，让学员主动地去体会，去解决问题，在参与、体验的过程中，心理受到挑战，思想得到启发，然后通过学员共同讨论总结，进行经验分享，感悟出种种具有丰富现代人文精神和管理内涵的道理。在特定的环境中去思考、去发现、去醒悟，对自己、对同事、对团队重新认识和重新定位。

拓展培训这种形式既安全又有一定的趣味性，易于被学员接受。但拓展培训的最终目的，是让学员将培训活动中的所得应用到工作中去。如果缺乏专业培训师的指导及意见，则很难达到理想的效果。

通过拓展培训，整合团队，发掘每个人的最大潜力，这就是拓展培训的真正意义。

3. 拓展培训的特点

（1）综合活动性。拓展训练的所有项目都以体能活动为引导，引发出认知活动、情感活动、意志活动和交往活动，有明确的操作过程，要求学员全身心地投入。

（2）挑战极限。拓展训练的项目都具有一定的难度，表现在心理考验上，需要学员向自己的能力极限挑战，跨越"极限"。

（3）集体中的个性。拓展训练实行分组活动，强调集体合作。力图使每一名学员竭尽全力为集体争取荣誉，同时从集体中吸取巨大的力量和信心，在集体中显示个性。

4. 拓展经典游戏

No.1 雷区取水

项目介绍：在一个直径5米的深潭中间有一盆水，你要在仅用一根绳子，不接触水面的情况下取到全体队员的救命宝物，想一想可能吗？团队的智慧可以把它变成事实。

项目目的：提高队员组织、沟通和协作的能力和技巧。团队的领导艺术和技巧，人力资源的合理分配和运用，行动之前的讨论和计划对于事情的成败起着重要作用。通过游戏，培养人处理事情良好的计划性和条理性，培养队员的集体荣誉感和为团队勇于奉献的精神。

No.2 无敌风火轮

项目介绍：提供的只有报纸、剪刀、胶带。靠大家的智慧和团队的协作走完一段不容易的路程。

项目目的：合理配置资源，分工配合。检验组织成员工作的主动性，建立团队自己的节奏，协调一致对组织的重要性，个人与团队的相互作用。个人的能量只有通过组织才能发挥出来，如果个人与团队目标不统一，个人能量越大，对组织的破坏性越大。个人发展必须跟上组织的节奏，产生对领导的认同，有明确的团队目标，以便进行有效的沟通与合作。

No.3 背摔

项目介绍：参加实施的队员，两手反交叉握拢弯曲贴紧自胸前，两脚并拢，全身绷紧成一体；后倒时，头部内扣，身体不能弯曲，两手不得向外打开，参加保护的队员，两腿成弓步且相互抵紧，两手搭于对方肩上，掌心向上，上体和头部尽量后仰，当实施队员倒落时，全身协力将实施队员平稳接住。

项目目的：信任环境的营造；建立换位思考的意识；通过身体接触，实现情感的沟通信任与责任。

No.4 断桥

项目介绍：参训队员爬越9米高的断桥立柱，站立于断桥桥面之上，两臂自然平伸，保持身体平衡，移步至桥面一侧边缘，以后脚的蹬力，使身体向前跃出，跨过断桥落于桥面另一测，平稳走到终点。

项目目的：成功与失败永远只差关键的一步，勇敢地跨出这一步，成功就属于你；克服紧张情绪，战胜恐惧心理，具有果敢的执行力；借助外势，建立突破自我、挑战困难的自信心与勇气。

No.5 孤岛求生

项目介绍：将所有队员分成三组，安置于三个已规定的岛上（珍珠岛、瞎子岛、哑巴岛），各组队员扮演各自岛上的角色，在规定的时间内，按规定完成任务。

项目目的：完善团队结构，沟通协作，团队的动态管理，有效沟通与协作，新角度管理的诠释。

No.6 有轨电车

项目介绍：两块木板就是一双鞋子，全组队员双脚分别站在两块木板上，双手抓住系于木板上的绳子，向指定的方向行进。

项目目的：提高队员组织、沟通和协作的能力和技巧。团队的领导艺术和技巧，人力资源的合理分配和运用，行动之前的讨论和计划对于事情的成败起着重要作用。通过游戏，养成处理事情良好的计划性和条理性，培养队员的集体荣誉感和为团队勇于奉献的精神。

No.7 鳄鱼潭

项目介绍：利用三个油桶、两块木板，所有人不得落地，安全通过一个个的鳄鱼潭。

项目目的：统一沟通标准，避免因标准的不统一而造成大家的混乱，延误时间。链式沟通的利弊，如何改善？如何解决？最适合团队的办法就是最好的办法，制订行动计划时注意工作的前瞻性，正确分析资源，有效利用资源。细节管理：不论多完美的计划，如果在操作过程中不谨慎，一切就都要从头开始。

No.8 时速极限

项目介绍：下达开始的口令后才可以采取行动。所有队员不能进入绳圈内，不能接触除数字外的区域。拍数字必须按数字的顺序进行，不能漏拍或同拍。项目过程中，不能有队员讲话或发出其他声音。必须在规定的时间内完成。

项目目的：群体决策的方法及意义，启发战略管理眼光。大胆尝试，勇于全力付出。挑战未知领域，培养创新意识，合理的分工与合作，资源的优化配置，认识统一指挥的意义与重要作用，体会团队的领导技巧运用、角色的合理分配，避免"熟练工"对团队造成的负面影响，团队学习保证新的创意。

No.9 毕业墙

项目介绍：团队在没有任何器材的情况下共同努力翻越4米高的

墙壁。

项目目的：自我管理与定位，有甘为人梯的精神；团队的协作与激励；共建高效团队。

No.10 钻电网

项目介绍：面对高压电网，参加者必须同心协力，尽量避免伤亡，以最小的代价换取最大的胜利。

项目目的：改变沟通方式，如何理解、倾听他人，如何让他人更能接受，如何分配合理的资源，资源的浪费与团队目标的关系；个人的利益与整个团队的利益关系将直接决定目标的达成。此培训项目强调整体协作与配合，强调资源的重要性；好胜与莽撞都将遭遇淘汰，只有依靠团队的力量，才能顺利完成任务。

(材料来源：拓展培训网)

### 七、对突发事件和投诉的处理

(一) 突发事件的概念

突发事件，是指突然发生，造成或者可能造成严重社会危害，需要采取应急处置措施予以应对的自然灾害、事故灾难、公共卫生事件和社会安全事件。民航突发事件指民航业突然发生的，已造成或可能造成严重的社会危害，需要采取应急处置措施予以应对的自然灾害、事故灾难、公共卫生事件和社会安全事件。

(二) 民航服务中常见的突发事件

飞机上的突发事件一般可归纳为两个方面，一是主观行为引发的突发事件。这样的突发事件一般都是由人为因素导致的，而且主要是乘客方面的主观因素导致的。二是客观因素引起的突发事件。这类突发事件与乘客或者航空工作人员的行为没有直接关系，一般体现为气候的影响或者飞机突发性的故障，等等。

(三) 民航服务中常见突发事件的种类

(1) 航班延误与取消。航班延误与取消的原因是多方面的，常见的原因包括天气原因、航空管制、机械故障及旅客原因。

(2) 旅客突发疾病。
(3) 旅客的过激行为。
(4) 行李晚到、丢失、损坏等情况。
(5) 旅客遭受到人身损害。
(6) 飞机上出现违法或犯罪行为。
(7) 售票差错、退票、超售等问题。

(四) 突发事件的特点

1. 突发性

从事物发展变化的一般规律来说，突发事件是事物的内在矛盾由量的逐渐积累发展到质的飞跃的过程，因而具有可以认识、可以把握的基本特点。我们可以据此采取预防性措施。但是，突发事件作为一种质的突变，是通过一定的契机诱发的。而这种契机以什么方式出现，什么时候出现，则是偶然性的，这也决定了突发事件的具体时间、实际规模、具体态势和影响深度是难以完全预测的。

2. 欲望性

除自然灾害导致的突发事件外，其他突发事件都有明确的目的性和欲望性。这是因为，人们的选择和行为，都是为了满足某种需要，得到某种利益。即使表面上看来是盲目参与事件的人，其行为的背后也有一定的动机。只是由于人们的社会地位不同，需要的内容和层次不同，而使得这种欲望呈现出政治的、经济的和精神的多样性。自然灾害事件本身并无欲望性，但是在处理这类事件的过程中，人们的欲望性也是很明显的。

3. 聚众性

无论哪一类突发事件，都不能不涉及部分人的切身利益，都必然会使这部分人产生心理压力，从而具有聚众性的特点。社会性突发事件，多是由少数人操纵，通过宣传鼓动而把一些群众卷到事件中来的。自然性的突发事件，也往往危及众多群众的生命财产安全，因而理所当然地引起很多人的关注和不安。

4. 破坏性

突发事件的破坏性来自多个方面：对公众生命构成威胁、对公共财产造成损失、对各种环境造成破坏、对社会秩序造成紊乱和对公众心理造成障碍。

### （五）突发事件的积极应对

1. 突发事件后旅客的心理及行为反应

主要是情绪方面的影响，包括焦虑、抱怨、愤怒。

2. 突发事件的处理原则

飞机上乘客众多，航空工作人员虽能保证自己的工作质量，但不能保证每位乘客在乘坐飞机之前对有关规定都了如指掌。所以很多时候乘客会出现一些违规行为，这些行为基本上都比较容易处理。但是有时候，乘客会因为各种原因失去控制，从而产生一些过激行为，这个相对来说较难处理。在处理这些突发事件时，总的原则是坚持安全飞行第一，坚持乘客利益第一，尽量调解，对于不接受调解的乘客则依法处理。

除此之外，还应坚持如下原则，第一，对旅客要热情接待，对旅客的诉求要耐心倾听；第二，当与旅客有不一致的想法时要学会冷静处理，不要急于自我辩解；第三，如果因为服务不到位或在服务中出现差错时要及时向旅客表示歉意；第四，在工作过程中要始终坚持讲诚信、守承诺；第五，在工作中要学会站在旅客的角度看问题。

3. 突发事件的应对措施

（1）信息公开透明，保证旅客的知情权；

（2）加强各部门的协调与配合；

（3）严格按照规定处理延误事件与履行赔偿；

（4）提高运营设备的质量与性能；

（5）航空公司应准备充足的运力；

（6）加强与新闻媒体的沟通。

### （六）正确处理乘客投诉

不管多完善、多周到的服务，都不能满足所有乘客的需求，因此，民航服务人员必须认识到，乘客投诉是不可避免的。总的来说，民航服务质量提高，乘客的投诉会相对减少。当民航服务人员遇到乘客投诉的时候，一定要正确对待和处理。

首先，在认知上要明确这是一种不可避免的行为，如果处理得当对民航的发展会起到促进作用；其次，在面临乘客投诉时应采取得当、正确的行为，这样才能保护乘客利益，提高民航公司的服务质量，保证良好的口碑。

民航被投诉的原因是多方面的。比较常见的包括客观原因和主观原因。客观原因主要有航班不正常时的服务不到位，售票差错，行李延误、破坏或丢失等；主观原因主要包括服务不周到、态度不好、不尊重旅客的风俗习惯、工作马虎、不负责任等。无论是主观原因还是客观原因，都是因为乘客的心理需求没有得到满足，个人利益受到损害造成的。

乘客投诉的心理因素主要表现为两大心理需求，一是受到尊重和公平对待的需求，即在乘坐过程更加愉快，更加满意，得到公司优质的服务；二是期待补偿或发泄情绪的需求，即在面对不满意的服务时，求得心理上的平衡或经济上的补偿。了解乘客投诉的心理需求，是为了更好地应对他们的投诉。

乘客投诉有多种渠道，比较常见的包括电话投诉、书面投诉、网络投诉、直接赴公司投诉等。一般来讲，各大航空公司都有自己的投诉热线，有专门的部门和人员负责投诉的处理。机场的"客户服务代表"也同样是处理乘客投诉的工作人员，可以直接解决很多问题。通常，在发生纠纷的现场，如安排食宿、小额索赔、补开机票等，可以通过客户服务代表予以解决。如果乘客的要求得不到合理解决，可以通过电话投诉、书面投诉或网络投诉的方式，具体描述自己乘坐的航班号、日期、航班时刻，服务中发生了什么问题，遭受了哪些损失，并说明希望公司做什么以及自己的联系方式，以便公司及时与乘客取得联系并妥善解决问题。民航服务中心和民航局也有专门的机构处理投诉事宜。

投诉的处置原则包括首问原则、及时原则、理解原则和快速原则。首问原则就是第一个被询问的乘务员要对乘客提出的问题给予一定的答复。及时原则就是要提高投诉处理的效率，相关工作人员应准确无误地向上级汇报投诉问题的内容。理解原则就是要学会换位思考，理解乘客遇到困难时的焦躁情绪，急乘客之所急，想乘客之所想。快速原则就是要积极探寻乘客满意的解决办法，一旦找到解决问题的方案就应第一时间和乘客进行沟通，争取在最短的时间内解决问题。

在处理乘客投诉时，要遵循耐心倾听、诚恳道歉、及时安慰和采取行动四个步骤。无论是什么原因造成的投诉，收到投诉的人都要礼貌地接待乘客，倾听他们的心声，让他们讲述事情的经过，发泄心中的不满，让他们先平静下来。等他们讲述完毕之后，要诚恳地道歉，让他们感到被尊重和受到了公平的对待，然后再对问题进行说明和解释。面对乘客所受到的情绪伤害，接待投诉的人员还要表示安慰和同情，安抚他们的情绪，引导他们理性地对待和解决问题。最后，要采取积极的对策，找到解决问题的办法，立即采取补救措施，让乘客感到投诉被重视，满意度上升。即便遇到暂时不能解决的问题，也要向乘客表达道歉的诚意，并采取补偿措施。

在处置投诉时，要讲究方式方法，达到事半功倍的效果。具体来说，可以根据不同乘客的不同性格，采用不同的方法：对感情用事的乘客，要保持镇定；对固执己见的乘客，要先表示理解再行劝阻；对有备而来的乘客，要对规章制度进行详细的解读和说明；对冷静思考的乘客，要晓之以理；对生性多疑的乘客，要放低态度。

在处理不同类型的投诉过程中，要注意以下问题。

1. 处理当面投诉

（1）要对乘客表示真诚的歉意。

（2）要对来客的建议表示真诚的感谢。

（3）乘客有意见，不要随意向上级推诿或拉着乘客去找上司评理。

（4）对委屈深、意见大的乘客要多做安抚工作。

（5）不扣留或隐匿乘客的批评意见，满足乘客要求保密的需要。

（6）按照组织系统处理顾客的投诉，不得对提意见的乘客施行报复。

（7）处理好乘客不属实的意见，对暴跳如雷的投诉乘客要理智冷静，对无理取闹的乘客要灵活处理。

2. 处理电话投诉

（1）认真倾听，仔细记录，并表示真诚的歉意。除此之外，要表示对投诉问题的重视和关心，并明确告诉乘客，我们非常重视您的意见，并一定会将把您的意见反映给上级管理者。

（2）询问清楚投诉事件的时间、地点、人物、情节和后果五大要素。

（3）讲话语气要亲切、声音要适度、致谢要诚恳。

（4）要询问和录存投诉者的姓名、班机号等信息及处理意见。

(5) 调查处理后要归档保存，并尽可能知会当事人。

3. 处理信函投诉

(1) 认真阅读来函，明晰投诉的内容。

(2) 查找该乘客的相关资料以及事件发生当日的值机人员。

(3) 不能偏听偏信，要多方调查，了解事情的经过。

(4) 按照程序实事求是地调查和处理，向投诉者回信致谢或回电并说明处理结果。

(5) 将投诉来函和收、阅、处、批意见归纳整理好后，归档妥存。

4. 处理赴公司的当面投诉

(1) 对来访人员热情接待。

(2) 充分了解事情经过并平复乘客情绪。

(3) 及时用各种方式与当事人进行沟通。

(4) 尽量当面处理问题，如果不能及时处理则要向来访人员说明原因。

(5) 不要为息事宁人而草率处理，但要将负面影响降到最低。

(6) 如果有媒体曝光，则要派专人处理好媒体访问等相关问题。

总之，妥善处理投诉对民航服务的发展有很大好处，一方面，对民航服务人员提高管理能力有所帮助；另一方面，对于乘客与公司之间建立信任关系有所帮助。

材料阅读3-3：

## 如何与愤怒的客户达成一致

你是否曾遇到过这种情形：客户非常不理性或愤怒，他拒绝任何理性的合乎逻辑的建议。这里有七个建议，可以使你让他的情绪逐步平复下来并和你达成一致。

1. 合作

首先你需要找一个双方都认同的观点，比如说："我有一个建议，您是否愿意听一下？"这么做是为了让他认同你的提议，而这个提议是中立的。

2. 你希望我怎么做呢?

通常我们自以为知道别人的想法。我们认为我们有探究别人大脑深处的能力。为什么不问一下对方的想法呢？只有当对方描述他的想法的时候，我们才能真正确定对方的诉求，才可能达成双方都接受的解决方案。

3. 回形针策略

这是一个获得认同的小技巧。当接待情绪激动的客户时，有经验的工作人员有时会请求客户随手递给他一些诸如回形针、笔和纸一类的东西，当客户递给他时，他便马上感谢对方，并在两人之间逐步创造出一种相互配合的氛围。当使用这个方法几次之后，每次都能有效地引导客户进入一种相互合作而达成一致的状态。

4. 柔道术

现在你了解他的情况了，你可以抓住扭转局面的机会利用他施加给你的压力。你可以说："我很高兴您告诉我这些问题，我相信其他人遇到这种情况也会和您一样的。现在请允许我提一个问题，您看这样处理是否合您的心意。"

5. 探询"需要"

客户向你要一支可以在玻璃上钻孔的电钻，这是他的需求，如果你只是努力满足这一需求，就失去了更有效地满足客户需要的机会。"需要"是"需求"背后的原因，客户要这种电钻的原因是要在玻璃上打孔，是因为需要把管道伸出窗外，等等。你应该努力去满足客户的需要，比如考虑一下，有没有把管道伸出窗外的更好的方法？而不仅仅停留在满足客户需求的层次上，把电钻给他了事。我们经常发现客户提出的需求并不一定最符合他的需要，因为服务者往往是某一方面的专家，他完全可以在这方面帮助客户，这也是最能体现服务者专业价值的地方。

通常你在问对方问题时，对方总是会有答案的。如果你问他们为什么，他们就会把准备好的答案告诉你。但是，只有你沿着这个答案再次逐项地追问下去，他们才会告诉你真正的原因，你才会有去满足客户"需要"的方案。最好的探询方法，就是多问几个"为什么"。

6. 管理对方的期望

在向他说明你能做什么，不能做什么时，你就应该着手管理对方的期望了。不要只是告诉他你不能做什么,比如:"我不能那样做,我只能这么做。"大多数人所犯的错误是告诉对方我们不能做什么。这种错误就好像是你向别人问时间,他回答你:"现在不是11点,也不是中午。"所以,请直接告诉客户,他到底期望你为他做些什么。

7. 感谢

感谢比道歉更加重要,感谢他告诉你他的问题,以便你更好地为他服务;感谢他指出你的问题,帮助你改进工作;感谢他打电话来,你觉得和他沟通很愉快。客户的抱怨往往源于我们的失误,客户的愤怒往往源于我们的冷漠、忽视和推诿。所以他打电话来之前会预期这将是个艰苦的对决,而你真诚的感谢大大出乎他的预料,他的情绪也将很快得到平复。

**思考与练习**

1. 什么是群体?群体有哪些特征?
2. 简述民航旅客群体的特殊性。
3. 简述团队建设的心理机制。
4. 团队要经历哪些发展阶段?
5. 如果你是一名管理者,你将怎样来打造一个高效的团队?

# 项目二 民航服务人员的心理健康管理

**项目导读:**

因工作性质和工作内容的原因,民航服务人员在服务过程中可能会遇到形形色色的旅客,千奇百怪的要求,接收到来自各群体的声音。因此,民航服务人员在面临压力时,掌握一些积极应对和调节心理的方法尤为重要。

**学习目标:**

1. 掌握心理防卫类型。

2. 了解民航服务人员的压力来源。
3. 掌握民航服务人员压力管理的方法。

心理健康是指心理的各个方面及活动过程处于一种良好或正常的状态。心理健康的理想状态是保持性格完美、智力正常、认知正确、情感适当、意志合理、态度积极、行为恰当、适应良好的状态。良好的心理会有助于我们生活、工作的顺利开展。民航服务人员由于其工作的特殊性，更应该加强对心理健康的管理。

### 一、心理防卫的概念

心理防卫是指个人面临挫折或冲突的紧张情境时，在其内部心理活动中具有的自觉或不自觉的解脱烦恼，减轻内心不安，以恢复心理平衡与稳定的一种适应性倾向。

心理防卫机制的意义，存在积极和消极两个方面。积极的意义在于能够使主体在遭受困难与挫折后减轻或免除精神压力，恢复心理平衡，甚至激发主体的主观能动性，激励主体以顽强的毅力克服困难，战胜挫折。消极的意义在于使主体可能因压力的缓解而自足，或出现退缩甚至恐惧的情绪，从而导致心理疾病。

自我通常会受到超我、本我和外部世界三方面的压迫，如果它难以承受其压力，则会产生焦虑。然而焦虑可以促使自我发展出一种机能，即用一定方式调解冲突，缓和压力对自身所形成的威胁。这种机能既要使现实能够允许，又要使超我能够接受，也要使本我有满足感，这就是心理防御机制。

### 二、心理防御机制的类型

（一）逃避性机制

这是一种消极性的防卫，以逃避等消极方式去减轻自己在挫折或冲突时所感到的痛苦。这就像鸵鸟把头埋在沙堆里，假装自己看不见一样。这类防卫机制有以下几种形式。

1. 压抑

压抑是各种心理防卫机制中最基本的方法。此机制是指个体将一些自我所不能接受或具有威胁性及痛苦的经验及冲动，在不知不觉中从个体的意识中排除，进而将其抑制到潜意识里去的作用。它是一种"动机性的遗忘"（motivated forgetting）。个体在面对不愉快的情绪时，有目的且不知不觉地将其遗忘，不过这种遗忘与因时间久远而自然忘却（natural forgetting）的本质是不一样的。例如，我们常说"我真希望没这回事"，"我不要再想它了"，就是这种心理机制的反映。

2. 否定

否定是一种比较原始而简单的防卫机制，其方法扭曲个体在创伤情境下的想法、情感及感觉以逃避心理上的痛苦，或将不愉快的事件予以"否定"，当作它根本没有发生过，以获取心理上暂时的安慰。"否定"与"压抑"极为相似。但"否定"不是有目的的忘却，而是把不愉快的事情加以"否认"。

这种现象在日常生活中处处可见，譬如，小孩子闯了祸，用双手把眼睛蒙起来；沙漠中的鸵鸟，当敌人逼近时，把头埋于沙堆中；这些都是一种否定的表现。

3. 退回

退回是指个体在遭遇挫折时，表现出其年龄所不应有之幼稚行为的反应，是一种反成熟的倒退现象。例如，已养成良好生活习惯的儿童，因母亲生了弟妹或家中突遭变故，而表现出尿床、吸吮拇指、好哭、极端依赖等婴幼儿时期的行为。

退回行为不仅见于小孩，有时也见于成人。例如，平常如有重大事情发生时，有时我们会大叫一声"妈呀"！或夫妻吵架，妻子跑回娘家向母亲哭诉……都是退回的行为。

当人长大成人后，本来应该运用成人的方法和态度来处理事情，但在某些情况中，由于某些原因，采用较为幼稚的行为方式，并非不可。但如常常"退回"，使用较原始而幼稚的方法来应付困难，利用自己的退回行为来争取别人的同情与照顾，用以避免面对现实的痛苦，这种退回就不仅是一种现象，而是一种心理症状了。

4. 潜抑

在日常生活中，某些事情往往会触发个人的一些感受，通常我们也会对此做出自然与直接的表达，但有时在某些特殊情况下，我们会基于各种原因，做出一些不同寻常的反应，在无意识中将自身真实的感受进行了压抑。例如：丁校长是个汽车爱好者，惜车如命，太太常常取笑他简直将自己的汽车当作儿子了。一天早上，他在赶往教育局参加会议时，不幸发生了交通事故，他的车子被尾随的货车碰撞了一下。当时丁校长只是下车随便检查了一下被撞毁的车尾部分，然后便冷静地匆忙与对方交换了电话号码，抄下了对方的车牌号，就马上开车驶往教育局，并在路上构思会上的个人陈词。在这事件中，由于撞车发生在8：32，28分钟后会议就要开始了，丁校长一反常态地处理追尾事故，是因为他采取了潜抑防卫机制。

（二）自骗性防卫机制

此类防卫机制含有自欺欺人的成分，也是一种消极性的行为反应。它含有反向作用，有可能导致个体走向另一极端。以下七种行为，是人们常用的自骗性防卫机制。

1. 反向

当个体的欲望和动机，不为自己的意识或社会所接受时，唯恐自己会做出不理性的行为，乃将其压抑至潜意识，并再以相反的行为表现出来，这在心理学上称为反向行为。换言之，反向行为者，其外在行为与其内在动机是相反的。在性质上，反向行为也是一种压抑过程。例如：一位继母根本不喜欢丈夫前妻所生之子，但恐遭人非议，乃以溺爱、放纵的方式来表示自己很爱他。又如，一位好吃糖，但被告诫吃糖会蛀牙，且不为妈妈所喜欢的女孩，每每与妈妈逛超市，总指着糖果对妈妈说："不可以吃糖，吃糖会蛀牙，且妈妈不喜欢。"

反向行为，如适当使用，可帮助人适应社会生活；但如过度使用，不断压抑自己的欲望或动机，且以相反的行为表现出来，轻者不敢面对自己，让自己活得很辛苦、很孤独，严重者甚至会形成深度的心理困扰。在很多精神病患者身上，常常可以见到这种防卫机制的过度使用。

2. 合理化

当个体的动机未能实现或基于该动机的行为不能符合社会规范时，行为主体就尽量搜集一些合乎自己内心需要的理由，给自己的行为做出一个合理的解释，以掩饰自己的过失，同时减轻内心的焦虑和维护自身的尊严，此种方法在心理学上称为"合理化"行为。换句话说，"合理化"就是制造"合理"的理由来解释自身的动机并掩饰自我的伤害。事实上，在人生的不同遭遇中，当我们遇到无法接受的挫折时，短暂的采用这种方法来减除内心的痛苦是无可厚非的。一般"合理化"行为可分为以下三种方式。

（1）酸葡萄

当自己所追求的东西因自己能力不够而无法获得时，就对客体加以贬抑和打击，称为"酸葡萄"。此机制是从伊索寓言里的一段故事中引申出来的，从前有一只走进葡萄园的狐狸，当它看到架上长满了成熟的葡萄时，想吃又够不着，于是就说那些葡萄是酸的，它不想吃了。其实葡萄是甜的，它因为吃不到，所以说葡萄是酸的。在日常生活中像这样的例子很多，例如，一个体育能力差的学生，说只有四肢发达的人才会喜欢体育；容貌平平的女子，特别爱说"自古红颜多薄命""红颜是祸水"。

（2）甜柠檬

与"酸葡萄"心理相反，另一种心理自卫机制是"甜柠檬"。此方法是指企图说服自己和别人，自己所做的或所拥有的已是最佳的抉择。上述伊索寓言里所说的那只狐狸，后来走到柠檬树旁，因肚子饿了，就摘柠檬充饥，而且边吃边说柠檬是甜的，其实柠檬味道是酸涩的。引申到生活中，当我们遭遇一些不如意的事情后，有时我们也会像这只狐狸一样，努力去强调事情美好的一面，以减少内心的失望和痛苦。这种"知足常乐"的心态，如适当地加以运用，能帮助我们接受现实；如过分使用，则会妨碍我们的进步。

3. 推诿

此种心理防卫机制是指将个人的缺点或失败推诿于他人，以获得个人心理的平衡。例如，学生考试失败，不愿承认自己准备不足，而说老师教得不好、老师评卷不公或考题超出范围；战败的将军，不愿承认自己策略失当，而说是"天亡我也，非战之过"，这些都是一种推诿行为。台湾有一句俚语："不会划船说溪窄。"很传神地诠释了什么叫作推诿。

4. 仪式与抵消

人无论有意或无意犯错后，都会感到不安。尤其是当事情牵连他人，令他人无辜受伤害和损失时，更会觉得内疚和自责。此时，倘若我们用象征式的行为来弥补已经发生的不愉快事件，以减轻心理上的罪恶感，这种方式，在心理学上被称为"仪式与抵消"。例如：一位有了外遇的丈夫，买轿车、送钻戒给妻子来消除心中的罪恶感，并且以这个行动来证明他是个尽责的丈夫；又如：一位工作繁忙无暇陪伴孩子的父亲，为孩子提供充裕的物质来消除心中的愧疚感等等，都是采用"仪式与抵消"的心理防卫机制。

5. 隔离

所谓"隔离"，是指个体将已发生的部分事实从意识中加以剥离，不让自己意识到，以免引起精神上的不愉快。最常被隔离的事实多为与个人感受密切相关的部分，因为此种感觉容易引起内心的焦虑与不安。如人死了，不说死掉而说"仙逝""长眠""归天"，这种委婉的表达有利于个体避免因"死"这个字眼而产生悲伤的情绪或觉得不祥的心理。

6. 理想化

在理想化的过程中，当事人往往会对某些人或某些事物做出过高的评价。这种高估的倾向很容易将事实的真相扭曲和美化，以致脱离了现实。

7. 分裂

有些人在生活中的行为和表现，时常出现矛盾与不协调的地方。而且有时在同一时期，因不同的环境或生活范畴，出现相反的行为。在心理分析中，我们可以说他们将意识割裂为二，在采用分裂防卫机制。例如，张先生是一位社会知名的慈善家，他的妻子和儿女都经常在朋友面前称赞他是一位难得的慈父，品德情操都令他们敬仰。但是，在他的工作中，他对自己的下属却十分苛刻，冷酷无情，为此员工们都批评他过于刻薄。张先生并非虚伪，只是他在生活中采取了分裂保卫机制。

（三）攻击性机制

人心里产生不愉快时，但又不能向对象直接发泄，便会利用转移机制，向其他对象以直接或间接的攻击方式予以发泄，或把自己的错误转嫁到别人身上，并据此对他人做出判断。这类防卫机制有两种方式——转移和投射。

1. 转移

转移是指原先对某些对象的情感、欲望或态度，因某种原因（如不合社会规范，具有危险性，不为自我意识所允许等），无法向目标对象直接表现，从而将其转移到一个较安全、较为大家所接受的对象身上，以减轻自己心理上的焦虑。

**阅读材料3-4：**

案例1：有位被上司责备的先生回家后因情绪不佳，就借题发挥骂了太太一顿，而做太太的莫名其妙地挨了丈夫的骂，心里不愉快，刚好好小孩在旁边吵闹，就顺手给了他一巴掌。儿子平白无故挨了巴掌，满腔怒火地走开，正好遇上家中小黑狗向他走来，就顺势踢了小黑狗一脚。这些都是转移的例子。其他如"打狗看主人""爱屋及乌""不看僧面看佛面""记得绿罗裙，处处怜芳草""一朝被蛇咬，十年怕井绳"等，都是转移的例子。转移不一定只出现于负面的感受上（如憎恶、愤怒等），有时正面的感受（如喜爱等）我们也会做出同样的处理。例如，一位结婚多年，膝下无子的老师，将其全部心力用于关怀他的学生，就是正面转移的例子。转移的目标有时也会有类似的情形发生。又如，一个无故被责怪的学生说："所有的老师都是不明事理的。"

转移有多种，有替代性对象（或目标）的转移、替代性方法的转移、情绪的转移。

**阅读材料3-5：**

案例2：有一对夫妇因感情不睦而协议离婚。离婚后一女一子归父亲抚养，但父亲因工作关系，将子女寄养在台湾南部其祖父母家中。祖父母对待男孩的态度非常严格苛刻，常常无缘无故地打他，而对女孩则完全不一样，疼爱有加。男孩因心中不平而离家出走，经其父寻回后，仍寄居在祖父母家中。但回到祖父母家中后，男孩即开始出现破坏家中物品，且割破自己衣物、自残等行为。后经调查，始发现其祖父母对男孩的母亲坚持离婚致使家庭破裂心生不满，而在不知不觉间将不满之情绪发泄到长得像母亲的男孩身上。此例中，祖父母使用了替代对象的转移（如祖父母将对男孩母亲的不满移至男孩身上),情绪性的转移(如祖父母严格苛刻地对待男孩),而男孩则使用了替代性方法的转移(如以自残之内向攻击来达到直接攻击的目的)。在精神分析治疗学派中,治疗者和当事人间的关系是一种移情关系,此移情关系是精神分析治疗学派的核心,意指当事人将过去潜意识中的正向情感、负向情感和幻想转移到治疗者身上,此种移情关系也是转移作用的一种。而在日常生活中,有不少人也有转移的情形产生。事实上,转移使用得当,对社会及对个人都有益。例如:中年丧子的妇人,将其心力转移于照顾孤儿院的孤儿。总之,转移,应用得当,对己、对他人、对社会都会有帮助,否则就易造成伤害。

2. 投射

精神分析学者认为投射是个体自我对抗超我时,为减除内心罪恶感所使用的一种防卫方式。所谓"投射"是指把自己的性格、态度、动机或欲望"投射"到别人身上。在日常生活中,使用"投射"的情形也很普遍,它亦是人际交往的一种方法。投射能让我们利用别人作为自己的"代罪羔羊",使我们逃避本该面对的责任。如"五十步笑百步"的故事,就是一种投射的表现。此种机制可以保护个人内心的安宁,但会影响个体对事情的正确观察和判断,并易造成人际关系上的问题,对个人缺乏建设性的功能。

(四)代替性机制

代替性防卫机制是用另一样事物去代替自己的缺陷,以减轻自身缺陷所造成的痛苦。这种代替物有时是一种幻想,因为现实中得不到实体的满足,他便以幻想的方式在想象世界中得到满足,有时用另一种物件去补偿他因缺陷而受到的挫折。这类防卫机制分幻想型和补偿型两种。

1. 幻想

当人无法处理现实生活中的困难,或无法忍受一些情绪的困扰时,让自己的意念暂时离开现实,在幻想的世界中得到内心的平静和达到在现实生活中无法经历的满足。例如,工人柯金上班时,被领班无理地骂了一顿,十分愤怒,但位居人下,无可奈何。在回家途中,他买了一张爱国奖券,吃饭时与太太闲谈时说:"如果中了奖,我要自己开间工厂,重金将领班请来，然后给他颜色看，令他受辱……"谈着谈着，柯金轻松多了，他用的方法就是"幻想"。一般而言，凡性情孤僻有退却倾向者，平常缺乏自我表达机会者，易以幻想解除其心理上的焦虑与痛苦。

幻想可以是一种使生活愉快的活动（很多文学、艺术创作都源自幻想），也可能产生破坏性的力量（当幻想取代了实际的行动时）。幻想可以说是一种思维上的退化。因为在幻想世界中，可以不必按照现实原则与逻辑思维来处理问题，可依个体的需求，天马行空，自行编撰。幻想使人暂时脱离现实，使个人情绪获得缓和，但幻想并不能解决现实问题，人必须鼓起勇气面对现实，并克服困难，才能解决问题。否则经常沉湎于幻想中，而使"现实"与"幻想"混淆不清时，会显现出歇斯底里与夸大妄想般的症状。

2. 补偿

"补偿"一词，首先出现于阿德勒的心理学著作中。阿德勒认为，每个人天生都有一些自卑感（来自小时候，自觉别人永远比自己高大强壮，所产生的自卑），此种自卑感使个体产生"追求优异"的需要，而为满足该需求，个体乃借助"补偿"的方式，力求克服个人的缺陷。我们采用何种补偿方式来克服我们独有的"自卑感"，便构成我们独特的人格类型。因此阿德勒主张，欲了解人类的行为，根本上必须掌握两个基本的观念——自卑感和补偿。

当个体因本身生理或心理上的缺陷致使目的不能达成时，改以其他方式来弥补这些缺陷，以减轻其焦虑，建立其自尊心，称为补偿。就作用而言，补偿可分为消极性的补偿与积极性的补偿。所谓消极性的补偿，是指个体用来弥补缺陷的方法，不但对个体本身没有带来帮助，而且甚至会带来更大的伤害。例如，一个事业失败的人，整日沉溺于酒精中而无法自拔；一个想减肥的人，一遇到不如意的事，就以暴饮暴食来减轻挫折所带来的痛苦。而积极性的补偿，如运用得当，则会带给我们一些好的转变。所谓积极性的补偿是指以合宜的方法来弥补其缺陷。例如，一个相貌平庸的女学生，致力于学问上的追求，而赢得别人的重视。我们常说的"失之东隅，收之桑榆"也是补偿机制的体现。除了上述两种补偿方式，另外还有一种补偿方式，称为"过度补偿"，指个人否认其失败或某一方面缺点的不可克服性而加倍努力，企图予以克服，结果反而超过了一般正常的程度。例如，有一个在学校被人嘲笑为"男人婆"的女老师，为了向别人证明自身的女性魅力，就大量购买各种名牌化妆品、名牌服饰，把自己打扮得花枝招展。她的改变，让她赢得了别人的赞美，但也因此造成了她入不敷出的经济窘状。补偿具有一种向后拉（补救）以防向前倒（失败、障碍）的功效，对个体的心理及行为而言，颇有裨益之功；然错误使用补偿机制，则有害而无益了。

（五）建设性机制

正向的心理防卫机制，就是向好的方面去做补偿，是属于建设性的。它可分为认同和升华两种类型。

1. 认同

"认同"指个体向比自己地位或成就高的人产生认同，以消除个体在现实生活中因无法获得成功或满足时，而产生的挫折所带来的焦虑。就定义来说，认同可借由心理上分享他人成功的机制，为个人带来满足或增强个人的自信。例如：一位物理系的学生留了胡子，是因为他十分仰慕系中一位名教授，而该教授的标志就是他那很有个性的胡子，因此该学生以留胡子的方式向教授表示认同。其他如"狐假虎威""东施效颦"都是认同的例子。

2. 升华

升华一词最早是由弗洛伊德提出的，他认为将一些本能的行动如饥饿、性欲或攻击的内驱力转移到一些自己或社会所接纳的范围时，就是"升华"。例如：有攻击冲动的人，借练拳击或摔跤等方式来实现满足。命运多舛的西汉史学家司马迁，因仗义执言，得罪当朝皇帝，被判处宫刑，在狱里，他撰写了《史记》。《少年维特之烦恼》的作者歌德，因失恋而创作此书。他们都是逆境中的坚强者，将自己的情感予以升华，为后世开创出一个壮观瑰丽的文化境界。

升华是一种很有建设性的心理作用，也是维护心理健康的必需品。如果没有它将一些本能冲动或生活挫折中的不满和怨愤转化为有益世人的行动，这世界将增加许多不幸的人。

### 三、民航人员工作压力

（一）压力的概述

从心理学的角度看，压力是心理压力源和心理压力反应共同构成的一种认知和行为体验过程。压力是一个外来词，来源于拉丁文"stringere"，原意是痛苦。现在"压力"的单词是"distress"（悲痛、穷困）的缩写。它含有"紧张、压迫、强调"等意思。

压力源是指引起压力反应的因素，包括生物性压力源、精神性压力源、社会环境性压力源。生物性压力源指直接阻碍和破坏个体生存与种族延续的因素，包括躯体创伤和疾病、饥饿、性剥夺、睡眠剥夺、感染、噪声、气温变化等。精神性压力源指直接阻碍和破坏个体正常精神需求的内在和外在因素，包括错误的认知结构，个体不良经验，道德冲突以及长期生活经历造成的不良个性心理特点（易受暗示、多疑、嫉妒、处责、悔恨、怨恨等）。社会性压力源指直接阻碍和破坏个体社会需求的因素，包括纯社会性的（重大社会变革、重要人际关系破裂等）和由自身状况造成的人际适应问题（如社会交往不良）。造成心理问题的压力源绝大多数是综合性的，因此在分析求助者心理问题的根源时，必须把三种压力源作为有机整体来加以考虑。往往在生物性或社会性压力源的背后，还隐藏着深层的精神性压力源。

现代生活中，每个人都体验过心理压力。总的来说，当代人面临社会、生活和竞争三大压力源。压力过大、过多会损害身体健康。现代医学证明，心理压力会削弱人体免疫力，从而使外界致病因素引起肌体病变。现代生活的压力，无时无刻不在挤压着人们。

完全没有压力的情况是不存在的。没有压力本身就是一种压力，即空虚。无数的文学艺术作品描述过这种空虚感。那是一种比死亡更没有生气的状态，一种活着却感觉不到自己在活着的巨大悲哀。为了消除这种空虚感，很多人选择了极端的举措来寻找压力，寻找刺激；一部分人找到了，而另一部分人，要么仍在寻找的过程中，要么为此付出了生命的代价。

(二)民航服务人员的压力来源

1. 生物性压力源

身体健康是民航工作岗位对民航服务人员的基本要求,而这一要求甚至比一般行业更严格、更苛刻。根据中国民航局第 101 号令 CCAR—67FS《中国民用航空人员医学标准和体检合格证管理规则》中"体检合格证的适用范围"规定:乘务员在履行职责时必须持有 IVa 级体检合格证;航空安全员执照申请人在申请执照时或执照持有人在行使执照权利时,必须持有 IVb 级体检合格证。如要求无先天性或后天获得性功能异常;无创伤、损伤或手术后遗症;无使用处方或非处方药物而造成的身体不良影响或不良反应;无影响安全行使执照权利的骨骼、关节、肌肉或肌腱的疾病、损伤、手术后遗症及功能障碍;身高、臂长、腿长和肌力应当满足行使执照权利的需要。因此,民航服务人员一旦出现身体创伤或疾病,将直接导致停飞甚至失业,这必将造成巨大的心理压力。此外,饥饿、性剥夺、睡眠剥夺、噪音、气温变化也会不同程度地给民航服务人员造成压力。

2. 精神性压力源

心理学研究表明,一个人对成功与失败的体验,包括对挫折的体验,不仅依赖于某种客观的标准,而且更多地依赖于个体内在的欲求水准。任何远离这一欲求水准的活动,都可能产生成功或者失败的体验。在现实生活中,这一事实体现为,取得相同的成绩,不同的人会有不同的反应。例如,考试得了 80 分,对于"60 分万岁"的人来说,已经是很大的成功了。可以这样认为,一个人的欲求水平和主观态度,是决定其是否产生挫败感最重要的原因。中国有句俗话叫"知足者常乐",就是鼓励人们降低欲求水平以减少求而不得的挫折,减少压力。

造成民航服务人员精神性压力源的还有错误的认知结构、个体不良经验、道德冲突、不良个性心理特点等方面。如在与他人相处和交往的过程中表现出不适、自闭、逃避、自恋、自负,以及难以调和与他人关系的不良心理状态都会加大民航服务人员的精神压力,从而在很大程度上影响其对外界刺激的态度和反应方式,进而影响着个人的身心健康、活动效率及社会适应状况。心理学研究表明,人的许多疾病是由于人的情绪反应造成的，这些疾病的发生与发展与人的不良生活经验，不良个性心理特点有着密切联系。

3. 社会环境性压力源

生活环境的变化，是造成心理压力的重要社会性压力源。心理学家格拉斯通指出了会给我们带来明显压力感受的九种生活类型的变化：就任新职、就读新的学校、搬迁新居等；恋爱或失恋，结婚或离婚等；生病或身体不适等；怀孕生子，初为人父母等；更换工作或失业；进入青春期；进入更年期；亲友死亡；步入老年。

另一种社会性压力源是由自身状况造成的人际适应问题。俗话说，"在家靠父母，出门靠朋友"。良好的人际关系是事业成功的关键，但是要建立良好的人际关系却不是件容易的事。在工作中与人发生冲突或不愉快，会造成人际关系的恶化，这都是造成民航服务人员人际适应问题的主要原因。

### 四、压力管理在民航服务中的运用

（一）觉知自己的情绪状态

依据情绪发生的强度、持续性和紧张度，我们可以把情绪状态分为心境、激情和应激。

1. 心境

心境是一种微弱、弥散和持久的情绪，也即平时说的心情。心境的好坏，常常是由某个具体而直接的原因造成的，它所带来的愉快或不愉快会保持一个较长的时段，并且渗透到工作、学习和生活中，影响人的感知、思维和记忆。愉快的心境让人精神抖擞，感知敏锐，思维活跃，待人宽容；而不愉快的心境让人萎靡不振，感知和思维麻木，多疑，认为看到的、听到的全都是不如意、不顺心的事物。

2. 激情

激情是一种猛烈、迅疾和短暂的情绪，类似于平时说的激动。激情是由某个事件或原因引起的当场发作，情绪表现猛烈，但持续的时间不长，牵涉面不广。激情通过激烈的言语爆发出来，是一种心理能量的宣泄方式。从一个较长的时段来看，激情对平衡人的身心健康有益，但过激的情绪也会使人产生失衡的危险。特别是当激情表现为惊恐、狂怒而又爆发不出来的时候，人们往往会全身发抖、手脚冰凉、小便失禁等。

3. 应激

应激是机体在各种内外环境因素的刺激下所出现的全身性的非特异性反应。这些刺激因素称为应激源。它是一种在出乎意料的紧迫或危险情况下引起的高度紧张状态。应激最直接的表现即精神紧张。而应激反应是指所有对生物系统导致损耗的非特异性生理、心理反应的总和。民航服务人员要学会管理自己的情绪，正确认知压力，灵活调整自己的心态。当遇到不公平的事情、不协调的人际关系、不愉快的情感体验时，学会换位思考；当感到愤怒时，可以暂时离开现场，转移注意力；当苦恼不堪或烦恼不安时，可以欣赏音乐，用优美的乐曲排解烦恼和苦闷；当受了委屈，一时想不通时，千万不要生闷气，最好找亲人或朋友倾诉苦衷；当妒火中烧时，要变换自己的角度，进行有意识的控制，增强个人修养；当思虑过度时，应立即去户外散步、消遣，呼吸新鲜的空气，或者做自己喜欢的事情。

（二）认知改变与重建

行为改变是通过一系列的中介历程，包括内在语言的交互作用、认知结构、行为以及因行为而产生的结果而发生的。认知机能评定的目的就是指评定人们的内部对话如何影响行为、如何受到其他事件或行为过程的影响。因此，认知改变与重建需要注意的是过程，建立合理的、客观的自我期望值，设定合理的奋斗目标。在这个过程中要学会以下三句话。

1. "算了！"

即面对一个无法改变的事实时，最好的办法就是接受它。时间是解决问题的最好办法，积极忘记过去的、眼前的不愉快，随时修正自己的认知观念，不要让痛苦的过去牵制住自己的未来。

2. "不要紧！"

即不管发生什么事情，哪怕是天大的事情，也要对自己说："不要紧！"记住，积极乐观的态度是解决任何问题和战胜任何困难的第一步。

3. "会过去的！"

不管雨下得多么大，总会有停的一天。我们在面对挫折和困难时，要

学会对自己说："会过去的！"

（三）行为改变与尝试

一个要改变目前的行为方式，就不要画地为牢或自筑围墙。尝试新的做法与表达，或许你会获得更好的效果。当民航服务人员遭受挫折时，要适当转移注意力，如安排一些健康的娱乐活动，到户外走走等。丰富多彩的闲暇活动可以使挫折感转移方向，扩大思路，使内心产生一种向上的激情，从而增强自信心。不要把痛苦闷在心里，应当主动向朋友、同学或亲友倾诉，争取别人的谅解、同情与帮助。这样可以减轻挫折感，改变内心的压抑状态，以求得身心轻松，从而让目光面向未来，增强克服挫折的信心。

研究发现，大笑可以起到缓解压力的作用。美国斯坦福大学医学院的一位精神病专家指出，当人大笑时，他的心肺、脊背和身躯都得到了快速锻炼，胳膊和腿部肌肉都受到了刺激。大笑之后，人的血压、心率和肌肉张力都会降低，从而使人放松。

郁结于心不如一吐为快。也许有人在为见未来的岳父而紧张，也许有人在为年终的账单而担忧，或许还有人为孩子的升学考试而坐卧不安。此时，不妨说出心中的焦虑，让他人与自己分担。一个忠实的听众，能帮助自己减轻因紧张而产生的压抑感。

实现目标的愿望受挫后，可以利用别的途径达到目标，或者确立新的目标。在实施过程中发现目标不切实际，前进受阻，应及时调整目标，以便继续前进，从而获得新的胜利，即"失之东隅，收之桑榆"，这是一种心理防御机制。在失败或受挫之后，应奋发向上，将自己的感情和精力转移到其他的活动中去。

（四）学会减压

出现压力并不可怕，适当的压力可以让人们更加积极与进步。研究发现，即使没有大脑皮质参与（即没有自主意识、没有认知的情况下），人也可以产生情绪。生理变化伴随着情绪产生，调节制约着人们对情绪的感受，但是并不直接造成情绪。情绪也可以反过来导致生理变化，并产生包括战斗、逃跑、抚育在内的适应行为。因此学会减压对民航服务人员的身心健康有重要的作用。

1. 量力而行

对过于追求事业发展的人来讲,他们总是对自己有过高的要求。标准定得越高,自己的压力就越大,往往这种标准就像一座大山似的压得人透不过气,结果可能只会适得其反。因此,我们要懂得量力而为,根据自己的能力,能做到什么程度就到什么程度。不要高估自己的能力,也不要低估自己的能力,这样才能做到压力的均衡化。对自己感到难以承受的工作,要敢于拒绝,量力而为。

2. 讲究方法

做事要分轻重缓急,不要什么事情都一把抓,毕竟人的精力是有限的。正确、客观地评价工作绩效,为自己寻找一种合理的工作方法,才能信心满满,心情愉悦。遇到困难,先设想一下最坏的结果,这样会对自己的应变能力更有信心。

3. 忙里偷闲

学会科学、合理地安排时间,忙而不乱,该休息的时候就休息,要相信别人也能将事情做好。参加社交活动,多与知心朋友交流沟通。不要每件事情都要求完美。尽心尽力做好每件事,即使达不到预期目标,也不要自怨自艾。不要太心急,遇到婚姻、就业、购房、升迁等重大问题时,要不断提醒自己:只有时间才能解决问题。

4. 规律生活

规律的生活,有利于保持乐观的心态。要充分休息,不管多忙,每天必须保证 8 小时的睡眠时间。调节饮食,禁烟少酒。酒精和尼古丁只能掩盖压力,不能解除压力。休息日陪伴家人,享受生活的乐趣,可以舒减心理压力。

5. 情绪宣泄

情绪积累到一定程度,一定要注意及时进行宣泄。宣泄的方式可以是健身远足,也可以是自身感兴趣的其他事情。如打开相册,重温过去的美好时光;播放唱片,闭目聆听熟悉且美妙的音乐,等等。积极地进行心理调适,有助于保持心情的舒畅。

**思考与练习**

1. 什么是心理防卫？心理防卫的机制有哪些？
2. 民航人员的压力来源有哪些？
3. 民航人员如何进行压力管理？